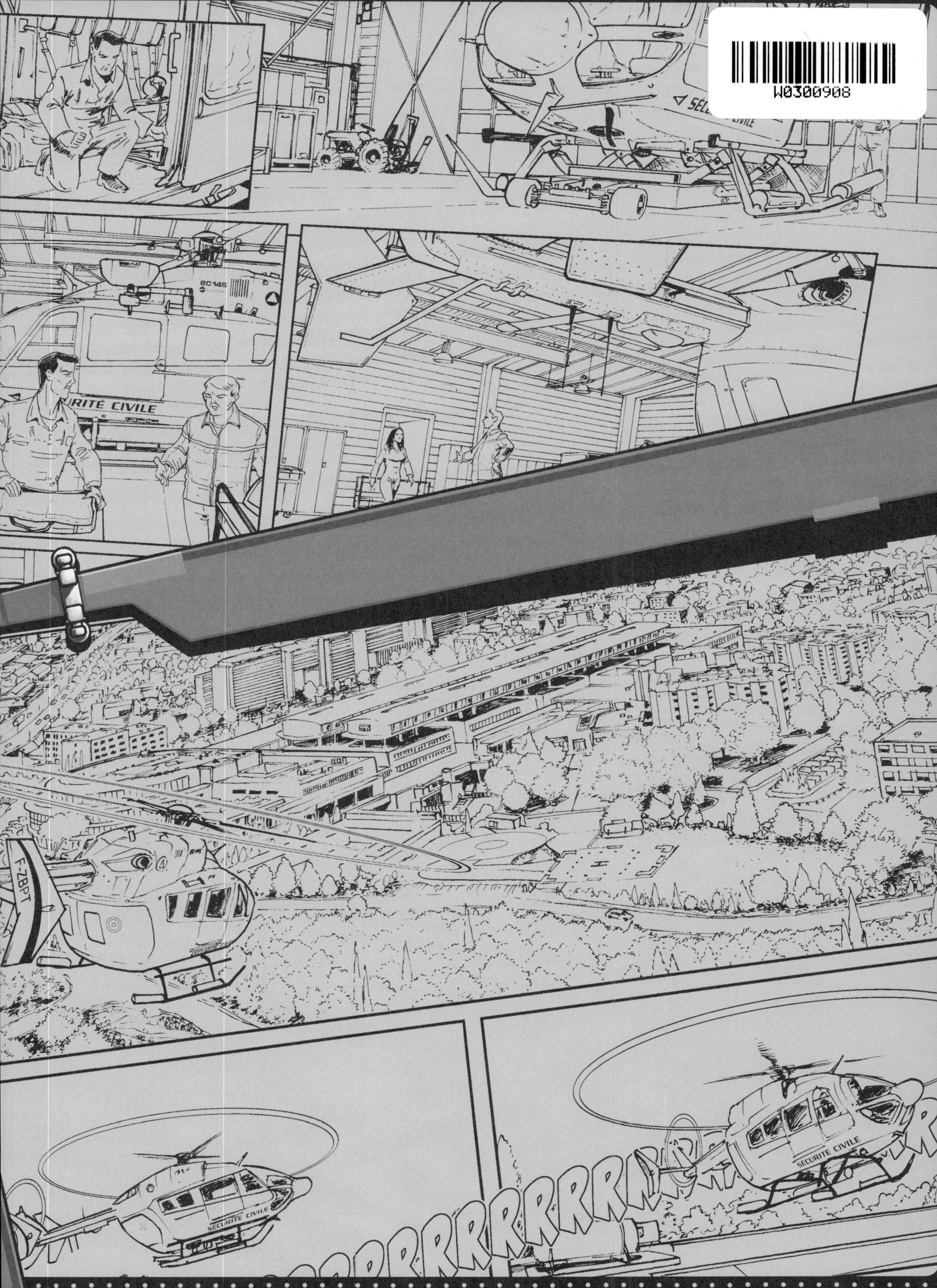
SÉCURITÉ CIVILE
ec145
SÉCURITÉ CIVILE
F-ZBPT
SÉCURITÉ CIVILE
SÉCURITÉ CIVILE

Nîmes Métropole soutient Idées Plus et le groupement d'hélicoptères de la sécurité civile et vous présente

DRAGON SÉCURITÉ CIVILE

Tome 1 Le secret de Nîmes

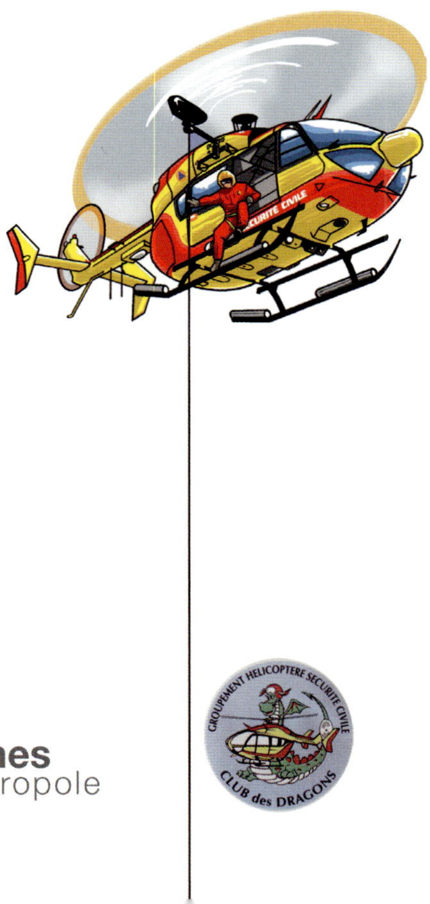

Scénario et documentation
Éric STOFFEL
Serge SCOTTO
Avec la participation de l'Amicale du groupement d'hélicoptères de la sécurité civile

Conseillers techniques
Jean-Philippe DOUBLIER
Jacky LEYDIER
Franck COSTE

Dessin
Frédéric ALLALI + (Pages de gardes)
Jeff BAUD + (dessin de couverture)
Jérôme EHO

Couleurs
Éric STOFFEL
Rémy LANGLOIS
Diego L. PARADA (colo de couverture)

PLEIN FEUX COLLECTION

Nos collections et séries

PLEIN VOL
L'histoire de l'aéronautique
Histoires de pilotes
L'histoire de l'astronautique
Patrouilles Aériennes Acrobatiques
Histoires d'avions
Histoires de Patrouille de France
Patrouille de France – L'épopée
Batailles aériennes
Le crépuscule des guerriers
Pompiers du Ciel
Une vie de dessin et d'aviation
La Fille de l'Air
L'Alat

AVENTURE
Les mémoires de Mathias
The Sea Raiders

VIEUX TACOTS
La 2CV, reine de l'automobile !
La Coccinelle et le Combi VW !
La Traction Avant, l'universelle !
La DS, la majestueuse !
La 4L, la populaire !
La 204, la lionne du bitume
La Mini, l'histoire d'une légende
Nationale 7, de Paris à Menton
Motorbike & Music
La 4CV et la Dauphine

PLEIN FEUX
Histoires de pompiers
Dragon Sécurité Civile

www.ideesplus.fr

SAS IDÉES PLUS
100, rue du Pigeonnier
30320 Bezouce - France
Tél. : 09 72 97 62 58
Portable : 06 22 12 22 57
Mail : contact@ideesplus.fr
Site Web : www.ideesplus.fr

©Idées Plus 2018 – Dépôt légal : Janvier 2018
ISBN : 978-2-374700-01-4 - Dragon Sécurité Civile T1
Première Edition : 3 000 exemplaires

Graphisme et mise en page : Alex CULLELL

Coordination des mises en couleurs : Éric STOFFEL
Correction des textes : Myriam PRAT

Fabriqué en France par Idées Plus
Achevé d'imprimer en Octobre 2017 en France .

idées+ PASSION BD

Préface

L'Amicale du groupement d'hélicoptères de la sécurité civile décide de soutenir cette œuvre, en particulier en cette année du 60e anniversaire.

Tous les jours 24 heures sur 24 sur chaque base et détachement de la sécurité civile, un équipage et son hélicoptère sont prêts au décollage pour porter secours à la population.

Qu'ils soient pilote ou mécanicien opérateur de bord (MOB), technicien sol ou agent administratif, chacun œuvre avec passion et dévouement afin d'accomplir les missions de service public. Accompagnés des sapeurs-pompiers, des équipes médicales, des démineurs et autres équipes spécialisées, tous s'engage pour réaliser des opérations de sauvetage.

Des sommets enneigés jusqu'au cœur des tempêtes, les DRAGON servis par ces hommes et femmes s'envolent pour sauver des vies parfois au péril des leurs.

C'est la vocation de cette bande dessinée justement réalisée pour vous faire partager, à travers un récit de fiction, cette grande aventure humaine !

Aux DRAGONS qui ont replié leurs ailes

« Un grand merci à toutes les personnes qui nous ont soutenus et permis de mener à bien ce projet. Remerciements à l'Amicale du groupement d'hélicoptères de la sécurité civile pour leur aide précieuse, à Michel, initiateur de ce projet qui a cru en nous, à Fabrice pour sa patience, à Jacky et Jean-Philippe pour tous leurs précieux conseils, ainsi qu'à l'équipe de scénaristes Éric et Serge, aux dessinateurs Fredj, Jeff et Jérôme, aux coloristes Éric et Rémy, au graphiste Alex et à Myriam, qui ont permis le bouclage de ce magnifique album. »

Franck Coste

« Merci à Remy et Marie-Laure pour leur aide précieuse, et un remerciement spécial à Jade pour son soutien et son aide durant toute la réalisation de cet album. »

Éric Stoffel

VISITEZ NOTRE SITE

L'édition de cet ouvrage est soutenue par la Région Languedoc-Roussillon

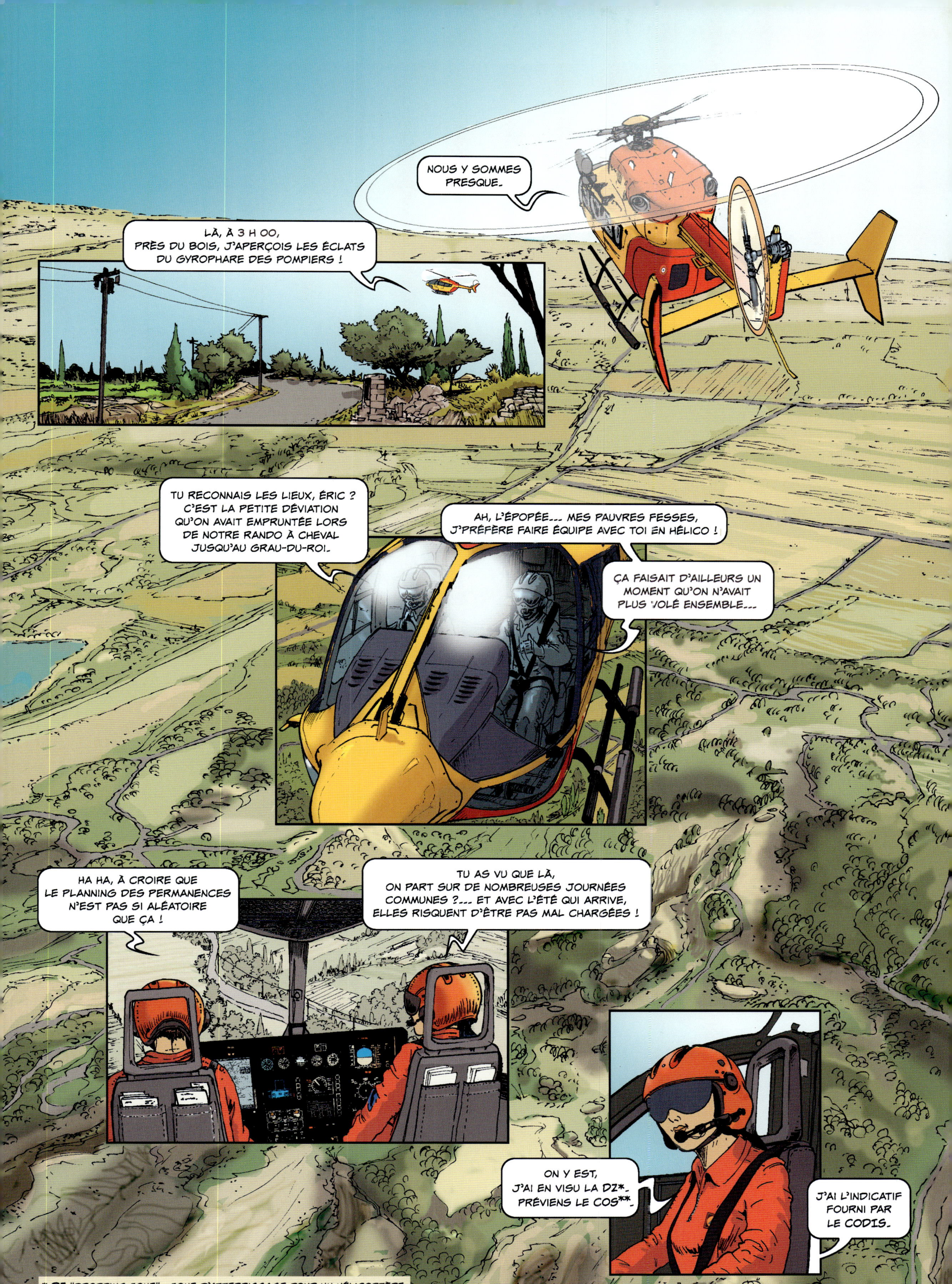

* DZ "DROPPING ZONE" : ZONE D'ATTERRISSAGE POUR UN HÉLICOPTÈRE.
** COS : COMMANDEMENT DES OPÉRATIONS DE SECOURS.

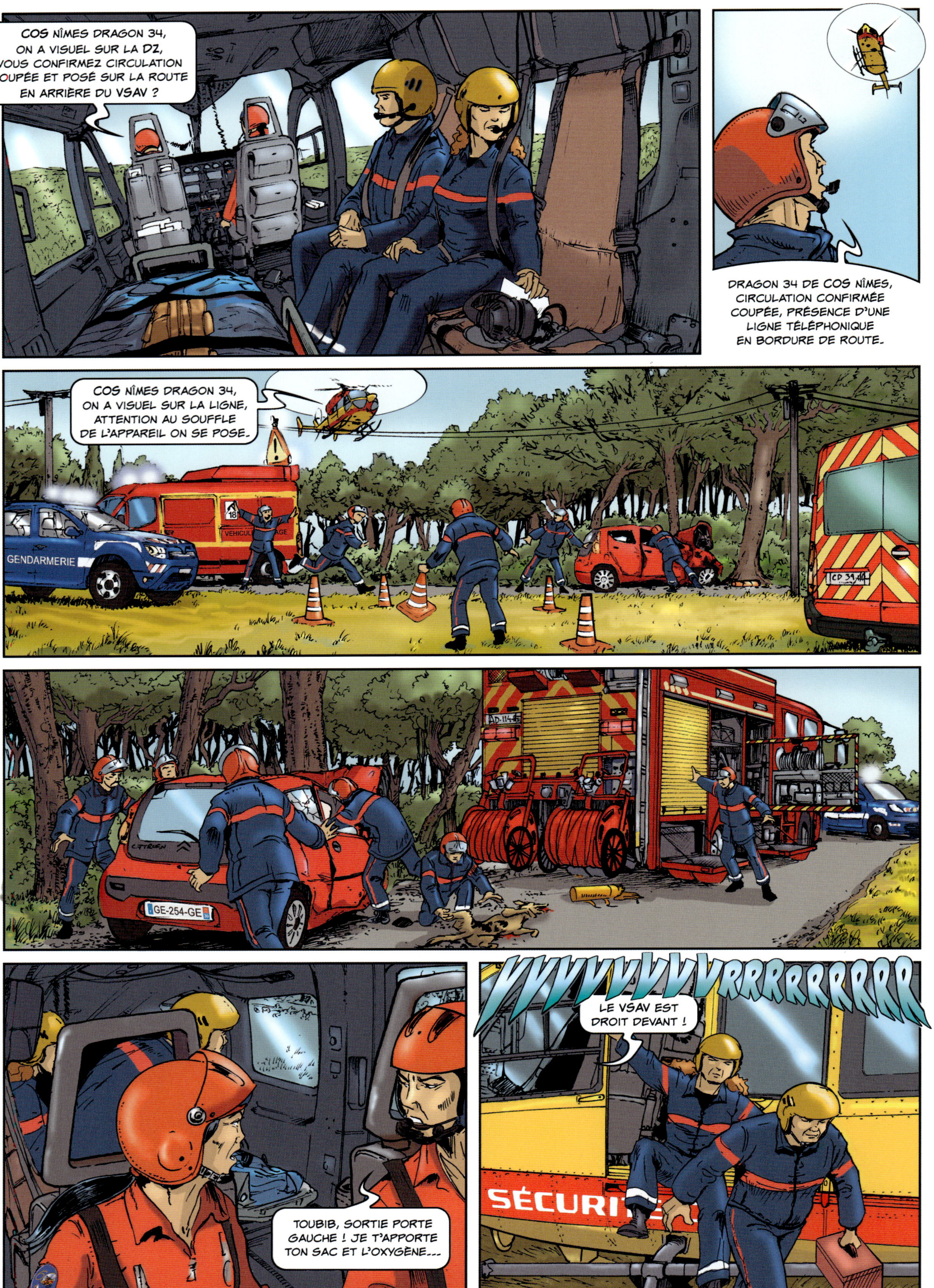
COS NÎMES DRAGON 34, ON A VISUEL SUR LA DZ, VOUS CONFIRMEZ CIRCULATION COUPÉE ET POSÉ SUR LA ROUTE EN ARRIÈRE DU VSAV ?
DRAGON 34 DE COS NÎMES, CIRCULATION CONFIRMÉE COUPÉE, PRÉSENCE D'UNE LIGNE TÉLÉPHONIQUE EN BORDURE DE ROUTE.
COS NÎMES DRAGON 34, ON A VISUEL SUR LA LIGNE, ATTENTION AU SOUFFLE DE L'APPAREIL ON SE POSE.
GENDARMERIE
GE-254-GE
TOUBIB, SORTIE PORTE GAUCHE ! JE T'APPORTE TON SAC ET L'OXYGÈNE...
VVVVVVVVVRRRRRRRRRR
LE VSAV EST DROIT DEVANT !
SÉCURIT

L'AIGLE AUX AILES D'OR... ÉCHAPPÉ DES EAUX...
L'AIGLE AUX AILES D'OR... ÉCHAPPÉ DES EAUX... L'AIGLE !!!
QU'EST-CE QU'IL RACONTE ?
IL RÉPÈTE CELA EN BOUCLE. IL N'A RIEN DIT D'AUTRE !
ET BIENTÔT...
GENDARMERIE
COS NÎMES DRAGON 34, CHARGEMENT DU BLESSÉ EN COURS.
TOUR DE CONTRÔLE DE DRAGON 34. DÉCOLLAGE POUR REJOINDRE L'HÔPITAL CARÉMEAU.
SAMU 30 DE DRAGON 34, AVONS PRIS EN CHARGE UN HOMME DE 40 ANS, CONSCIENT, AVEC SUSPICION DE RACHIS... ET DÉLIRE POSSIBLE.
LE TRÉSOR... DES MILLE COTEAUX... !!!
DRAGON 34 DE SAMU 30. ON INFORME LE CHU NÎMES DE VOTRE ARRIVÉE.
SAMU
NON CHEF, ON N'A PAS VU CE QUI S'EST PASSÉ... UNE SI BELLE JOURNÉE...
MAIS ON A APPELÉ LES POMPIERS TOUT DE SUITE ! C'EST TERRIBLE, CETTE PAUVRE BÊTE...

* MATELAS, COQUILLE, ATTELLES, COLLIERS CERVICAUX, ETC., ÉCHANGÉS DIRECTEMENT LORSQUE L'OPÉRATION EST DANS LE MÊME DÉPARTEMENT.

LE RETOUR DE L'ÉQUIPE SE FAIT RAPIDEMENT : QUELQUES MINUTES À PEINE !
FLAP FLAP FLAP FLAP FLAP FLAP FLAP
BASE HELICOPTERES
FLAP FLAP FLAP FLAP FLA
ON AURA BIEN MÉRITÉ UNE PETITE PAUSE ET UN BON CAFÉ.
ET DE SOUFFLER UN PEU !
À LA NÔTRE ! ET MERCI POUR LES CROISSANTS, FRANCIS ! J'AI VU AVEC PLAISIR QUE TU ES TOI AUSSI SUR LE PLANNING PLUSIEURS FOIS AVEC ÉRIC ET MOI...
AH ! VOILÀ ÉRIC !
LE DRAGON EST DANS SON NID, PLEIN FAIT ET VISITE APRÈS VOL TERMINÉE.
JE N'AI PLUS QU'À FAIRE LES PAPIERS...
ET TOI, JE VOIS QUE TU REMPLIS DÉJÀ AVEC HARDIESSE LES RAPPORTS !
ARRÊTEZ UN PEU DE VOUS CHAMAILLER !
DE TOUTE FAÇON ON SAIT QU'AVEC VOUS DEUX LE BOULOT SERA FAIT JUSQU'AU BOUT...
ET UN PETIT CAFÉ, ÇA DÉTEND TOUJOURS...
MÊME SI C'EST UN EXCITANT NOTOIRE, C'EST LE MÉDECIN QUI VOUS LE RAPPELLE !

HA ! HA !
TIENS, FRANCIS N'EST PAS ENCORE LÀ ? C'EST PAS DE LUI D'ARRIVER LE DERNIER POUR LE DÉJEUNER...
CLAC CLAC !!
C'EST PEUT-ÊTRE PARCE QU'ELLE N'EST PAS DE LA BONNE COULEUR, HI HI HI !...
HEUREUSEMENT QUE TU ES MEILLEUR MÉCANO SUR LES HÉLICOS !
J'SAIS PAS C'QU'ELLE A, MA NOUVELLE PORTIÈRE, ELLE VEUT PAS FERMER... !?
C'EST À LA CASSE, ILS M'ONT ROULÉ...
HAN !!
CLAC !
ET TU ESPÈRES EMBALLER QUI, AVEC CE CARROSSE ?
QUOIQU'UNE BLONDE, À LA LIMITE... HI HI HI !
TU SAIS TRÈS BIEN QUE JE PRÉFÈRE LES ASIATIQUES...
GRINSSS !!
HI HI HI ! MAIS TU POURRAIS ÊTRE MON PETIT FRÈRE !!
PFTTT !!!
OUI, BEN J'AI PASSÉ L'ÂGE D'ÊTRE TON PETIT FRÈRE !...
BONJOUR MES ENFANTS !
BONJOUR MAMAN.

JE VOUS AI FAIT UNE CHOUCROUTE !
OH, MAMAN, QUELLE BONNE SURPRISE !! DE LA CHOUCROUTE, COMME LA FOIS DERNIÈRE ET LA FOIS D'AVANT !
LA CHOUCROUTE, C'EST TRÈS BON, IL Y A TOUT CE QU'IL FAUT DEDANS !
JE NE SAIS MÊME PAS SI AU TRAVAIL, VOUS PRENEZ LE TEMPS DE MANGER...
TU DEVRAIS CARRÉMENT ENFILER LA TENUE ALSACIENNE POUR NOUS RECEVOIR, COMME ÇA LE TABLEAU SERAIT COMPLET...
HI HI !
AH, ENRIQUE, NE COMMENCE PAS !
MAMAAAN, TOUT LE MONDE M'APPELLE ÉRIC !
EH BIEN, TON PÈRE, LUI, T'A APPELÉ ENRIQUE... ET C'EST COMME ÇA QUE TU T'APPELLES, EN-RI-QUE !
... D'UN AUTRE CÔTÉ, HEUREUSEMENT QUE PAPA ÉTAIT ESPAGNOL, CE QUI FAIT QU'ON A PARFOIS DROIT À UNE PAELLA.
PARFAIT, CE CHOU...
C'EST ÉRIC QUI A RÉPARÉ CE PLACARD, ON DIRAIT... ?
LA COULEUR, ÇA NE ME GÊNE PAS... MAIS JE PRÉFÉRERAIS QUE LA PORTE FERME !
IL ME MANQUE...
IL T'AIMAIT TANT... !
IL A REGRETTÉ TOUTE SA VIE DE NE PAS AVOIR PU T'ADOPTER POUR DE BON...

BAH, ÇA NE CHANGE RIEN POUR MOI, JE VOUS AIME COMME MES PARENTS...
IL FAUT SE DIRE QUE SI J'ÉTAIS VRAIMENT VOTRE FILLE, JE NE POURRAIS PAS VOLER AVEC ÉRIC !
C'EST UNE CONSOLATION.
MAIS C'EST INJUSTE !
MAIS MAMAAAN !... C'EST UNE RÈGLE GÉNÉRALE EN AÉRONAUTIQUE, ON ÉVITE DE FAIRE VOLER DES ÉQUIPIERS D'UNE MÊME SMALA DANS LE MÊME APPAREIL...
ET SURTOUT EN SITUATION OPÉRATIONNELLE, CAR EN CAS D'ACCIDENT, C'EST UNE FAMILLE QUI EST DÉCIMÉE !
POUÊÊÊTTT !!
POUÊT
POUÊÊÊTTT !!!
!?
DÉSOLÉ, JE SUIS EN RETARD... MAIS ÇA VALAIT LE COUP : ADMIREZ MA NOUVELLE VOITURE !
JE VIENS D'EN RÉCUPÉRER LES CLÉS, JAMES BOND AVAIT LA MÊME !
C'EST TOUT ? LA JAMES BOND GIRL N'ÉTAIT PAS FOURNIE AVEC ?
MAZETTE !
BON, SUR CES ENTREFAITES... PENDANT QU'ENRIQUE SERT L'APÉRITIF, MOI, JE VAIS FAIRE RÉCHAUFFER LA CHOUCROUTE !

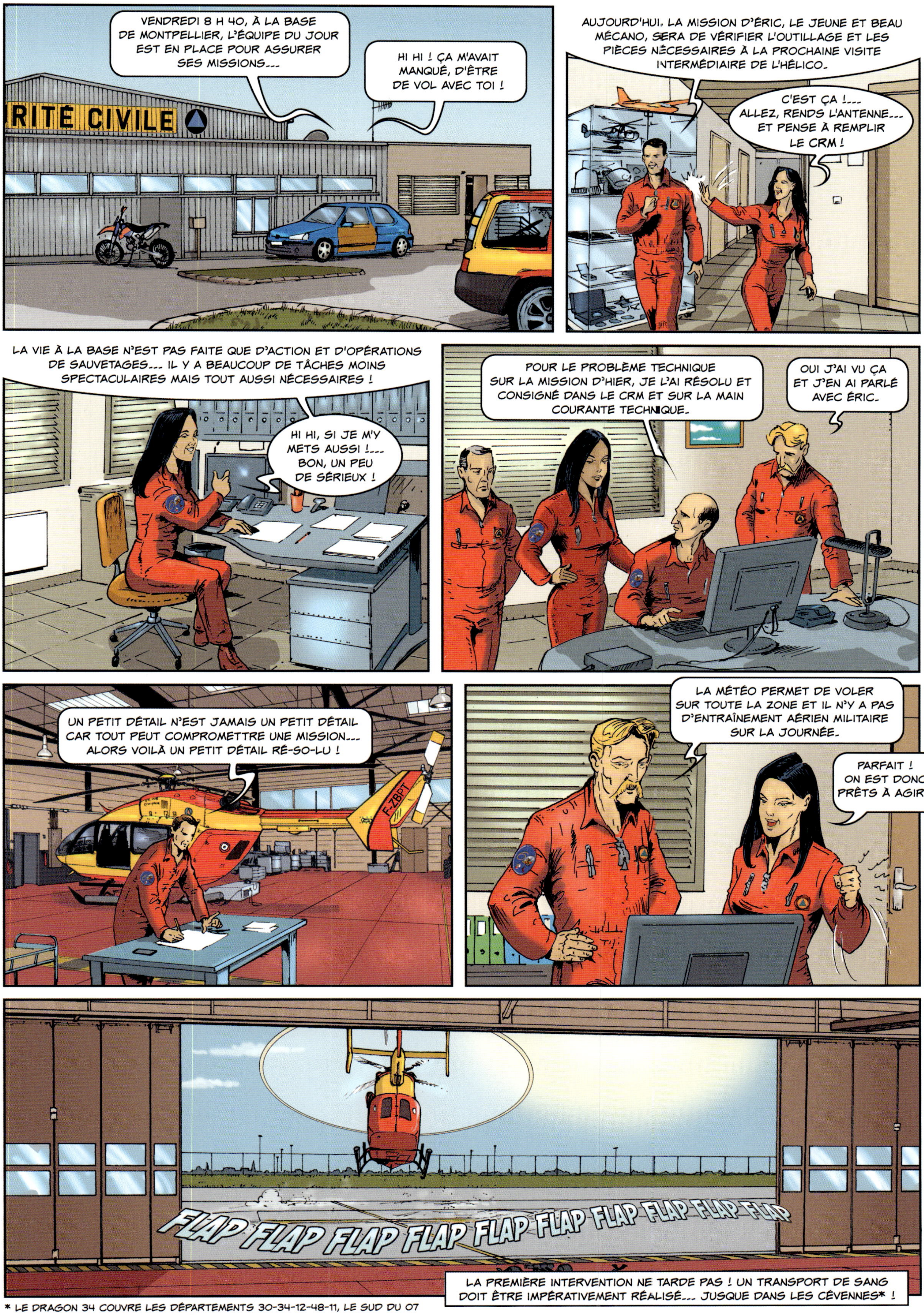

* LE DRAGON 34 COUVRE LES DÉPARTEMENTS 30-34-12-48-11, LE SUD DU 07 ET INTERVIENT EN RENFORT SUR LE 66.

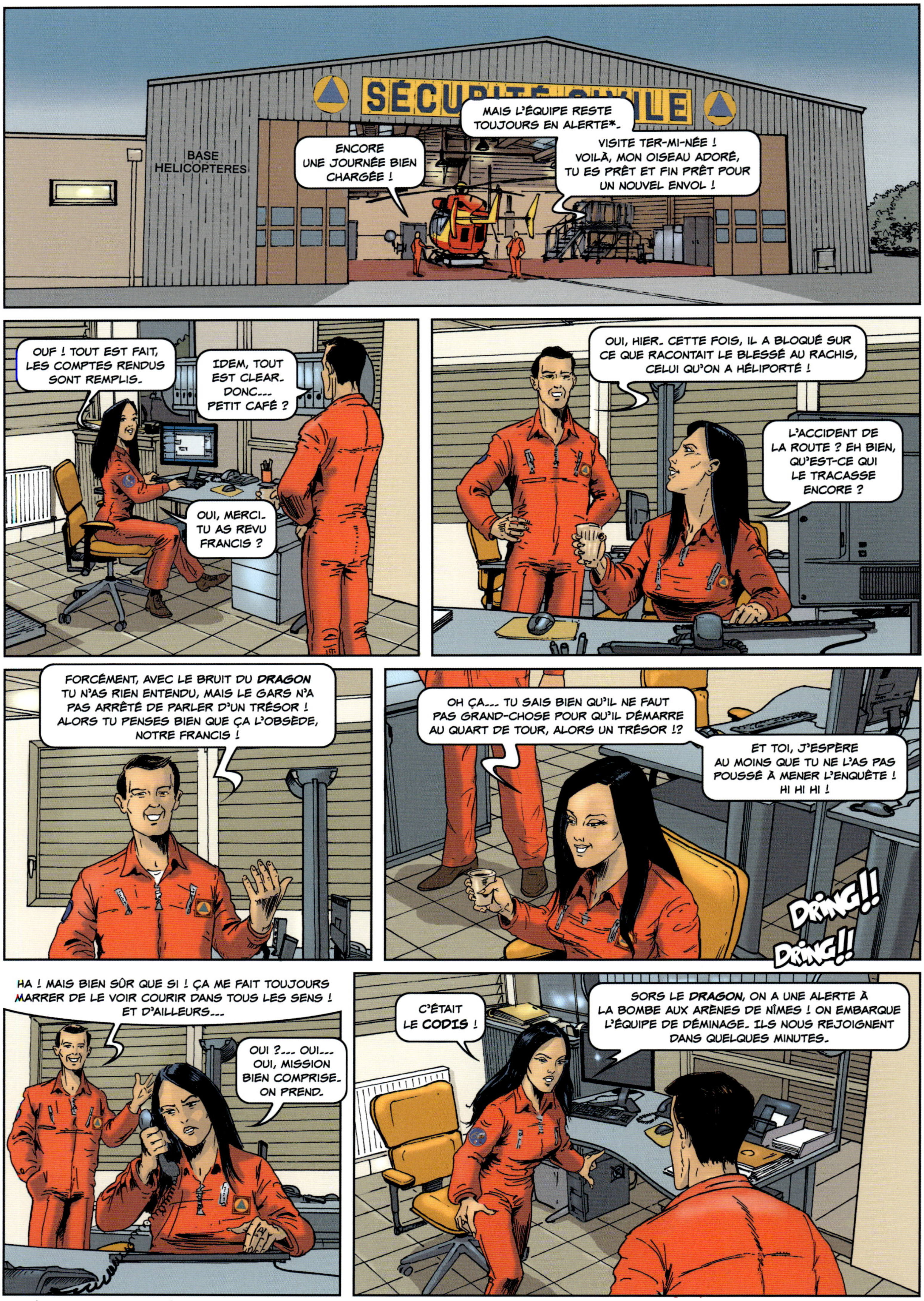

* PRÉSENCE EFFECTIVE DE L'ÉQUIPAGE À LA BASE DE 9 H 00 AU COUCHER DU SOLEIL + 30 MIN.

C'EST À L'EXTÉRIEUR DES ARÈNES, SUR L'ESPLANADE À 3 H 00. LA POLICE A SÉCURISÉ LE PÉRIMÈTRE.
OK, EN VISUEL.
3 H 00 : TRAVERS DROIT DE L'APPAREIL
DANS LES ARÈNES, LE CONCERT BAT SON PLEIN DE LIESSE ET DE PLAISIR ! NUL NE SE DOUTE QUE, PEUT-ÊTRE, UN DRAME SE PRÉPARE !
FAUSSE ALERTE. UN SAC OUBLIÉ PAR UN ADO.

PRÉSERVER NOS LIBERTÉS ET GARANTIR NOTRE PROTECTION ONT ÉTÉ LES MISSIONS DE CETTE SOIRÉE TENDUE AUX ARÈNES DE NÎMES !
HI HI, C'EST REPARTI !
C'EST UN NOUVEAU PETIT JEU ENTRE VOUS ?
CHACUN SES JOUJOUX, FRANCIS !
TU LE RECONNAIS ?
UN ALOUETTE 3, NOTRE ANCIEN APPAREIL... QUI A SERVI DANS L'ALAT ET LA SÉCU !
JE L'AI TROUVÉ DANS UN VIDE-GRENIER.
C'EST VRAI QUE TA BARAQUE... ON DIRAIT UN PEU UN GRENIER ! HA, HA ! ET JUSTEMENT, QUAND EST-CE QUE TU LA VIDES ?
CE SONT UNIQUEMENT DES ŒUVRES D'ART, MONSIEUR... ET DES OBJETS DE COLLECTION !
COS NÎMES DRAGON 34, ON A VISUEL SUR LA DZ...

HI HI, TU SAIS BIEN QUE NOTRE FRANCIS A TOUJOURS EU LA COLLECTIONNITE.
... ENCORE FAUT-IL EN AVOIR LES MOYENS. ET ÇA, QU'EST-CE QUE C'EST, CETTE GROSSE EN MAILLOT ?
C'EST UN NIKI DE SAINT PHALLE, ESPÈCE DE BÉOTIEN ! C'EST TRÈS BEAU ET C'ÉTAIT UNE SYLPHIDE...
C'EST DU PLÂTRE ?
C'EST TROIS MOIS DE SALAIRE SI TU LA FAIS TOMBER.
... HOU LÀ LÀ !
HI, HI ! JE CONFIRME. J'ÉTAIS AVEC FRANCIS À LA VENTE AUX ENCHÈRES...
...CETTE DISPERSION DE L'ENTIER MOBILIER S'ACHÈVE SUR LE LOT 41 : SOIT LE VRAC D'UNE BIBLIOTHÈQUE RASSEMBLANT À PEU PRÈS UN MILLIER DE LIVRES NON RÉFÉRENCÉS.
AH ! C'EST À NOUS JUSTE APRÈS. JE LA VEUX !
41
LA MISE À PRIX EST DE 300 € ! QUI DIT MIEUX ?
OUI, 350 À MA DROITE... 400 À MA GAUCHE... 450, 500, OUI... ? 550... QUI DIT MIEUX ? 550 UNE FOIS, 550 DEUX FOIS...
HOTEL DES VENTES

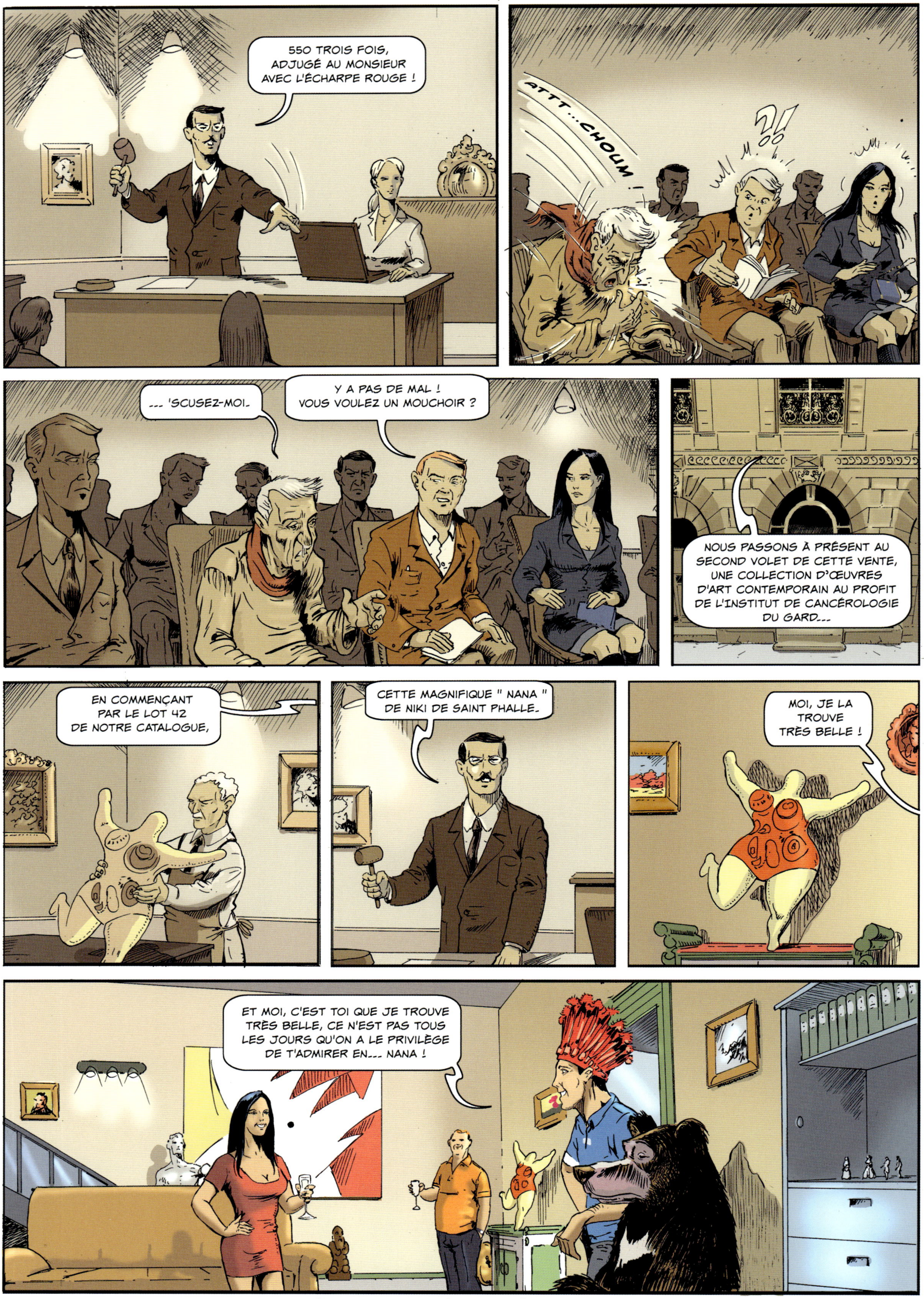
550 TROIS FOIS, ADJUGÉ AU MONSIEUR AVEC L'ÉCHARPE ROUGE !
ATTT... CHOUM !
?!
... 'SCUSEZ-MOI.
Y A PAS DE MAL ! VOUS VOULEZ UN MOUCHOIR ?
NOUS PASSONS À PRÉSENT AU SECOND VOLET DE CETTE VENTE, UNE COLLECTION D'ŒUVRES D'ART CONTEMPORAIN AU PROFIT DE L'INSTITUT DE CANCÉROLOGIE DU GARD...
EN COMMENÇANT PAR LE LOT 42 DE NOTRE CATALOGUE,
CETTE MAGNIFIQUE " NANA " DE NIKI DE SAINT PHALLE.
MOI, JE LA TROUVE TRÈS BELLE !
ET MOI, C'EST TOI QUE JE TROUVE TRÈS BELLE, CE N'EST PAS TOUS LES JOURS QU'ON A LE PRIVILÈGE DE T'ADMIRER EN... NANA !

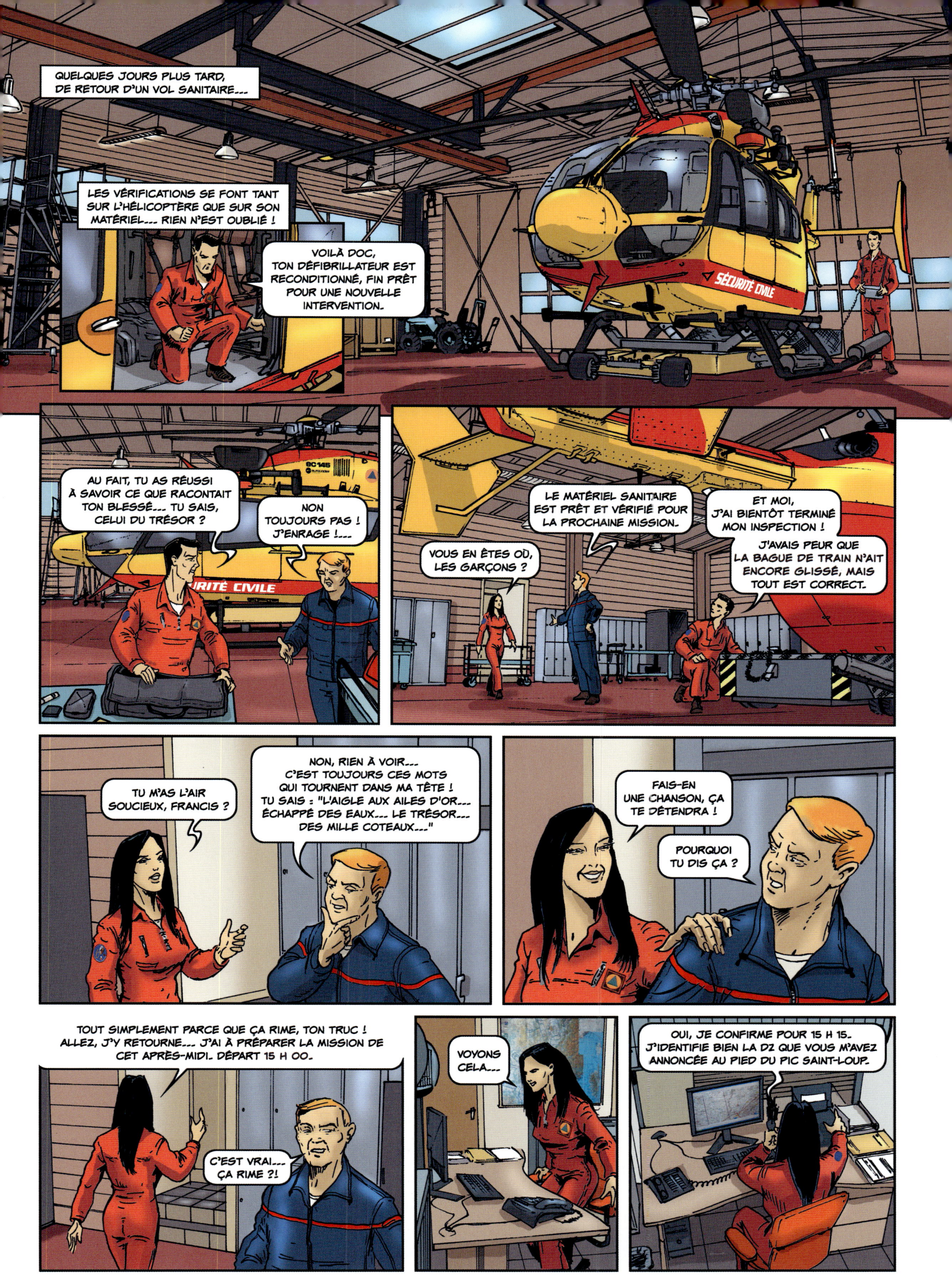
QUELQUES JOURS PLUS TARD, DE RETOUR D'UN VOL SANITAIRE...
LES VÉRIFICATIONS SE FONT TANT SUR L'HÉLICOPTÈRE QUE SUR SON MATÉRIEL... RIEN N'EST OUBLIÉ !
VOILÀ DOC, TON DÉFIBRILLATEUR EST RECONDITIONNÉ, FIN PRÊT POUR UNE NOUVELLE INTERVENTION.
SÉCURITÉ CIVILE
AU FAIT, TU AS RÉUSSI À SAVOIR CE QUE RACONTAIT TON BLESSÉ... TU SAIS, CELUI DU TRÉSOR ?
NON TOUJOURS PAS ! J'ENRAGE !...
LE MATÉRIEL SANITAIRE EST PRÊT ET VÉRIFIÉ POUR LA PROCHAINE MISSION.
ET MOI, J'AI BIENTÔT TERMINÉ MON INSPECTION !
J'AVAIS PEUR QUE LA BAGUE DE TRAIN N'AIT ENCORE GLISSÉ, MAIS TOUT EST CORRECT.
VOUS EN ÊTES OÙ, LES GARÇONS ?
TU M'AS L'AIR SOUCIEUX, FRANCIS ?
NON, RIEN À VOIR... C'EST TOUJOURS CES MOTS QUI TOURNENT DANS MA TÊTE ! TU SAIS : "L'AIGLE AUX AILES D'OR... ÉCHAPPÉ DES EAUX... LE TRÉSOR... DES MILLE COTEAUX..."
FAIS-EN UNE CHANSON, ÇA TE DÉTENDRA !
POURQUOI TU DIS ÇA ?
TOUT SIMPLEMENT PARCE QUE ÇA RIME, TON TRUC ! ALLEZ, J'Y RETOURNE... J'AI À PRÉPARER LA MISSION DE CET APRÈS-MIDI. DÉPART 15 H 00.
C'EST VRAI... ÇA RIME ?!
VOYONS CELA...
OUI, JE CONFIRME POUR 15 H 15. J'IDENTIFIE BIEN LA DZ QUE VOUS M'AVEZ ANNONCÉE AU PIED DU PIC SAINT-LOUP.

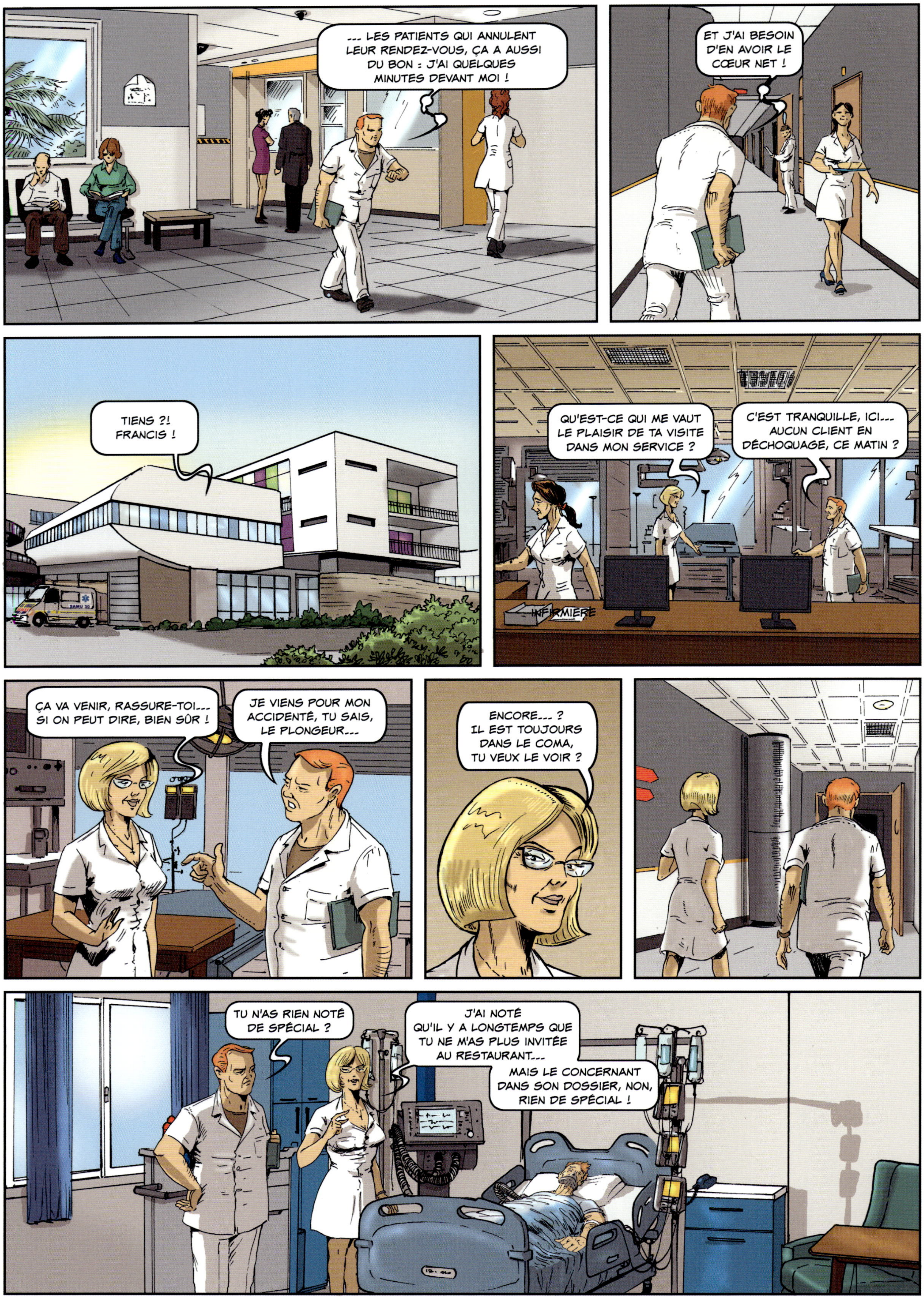

... LES PATIENTS QUI ANNULENT LEUR RENDEZ-VOUS, ÇA A AUSSI DU BON : J'AI QUELQUES MINUTES DEVANT MOI !
ET J'AI BESOIN D'EN AVOIR LE CŒUR NET !
TIENS ?! FRANCIS !
SAMU
QU'EST-CE QUI ME VAUT LE PLAISIR DE TA VISITE DANS MON SERVICE ?
C'EST TRANQUILLE, ICI... AUCUN CLIENT EN DÉCHOQUAGE, CE MATIN ?
INFIRMIÈRE
ÇA VA VENIR, RASSURE-TOI... SI ON PEUT DIRE, BIEN SÛR !
JE VIENS POUR MON ACCIDENTÉ, TU SAIS, LE PLONGEUR...
ENCORE... ? IL EST TOUJOURS DANS LE COMA, TU VEUX LE VOIR ?
TU N'AS RIEN NOTÉ DE SPÉCIAL ?
J'AI NOTÉ QU'IL Y A LONGTEMPS QUE TU NE M'AS PLUS INVITÉE AU RESTAURANT...
MAIS LE CONCERNANT DANS SON DOSSIER, NON, RIEN DE SPÉCIAL !

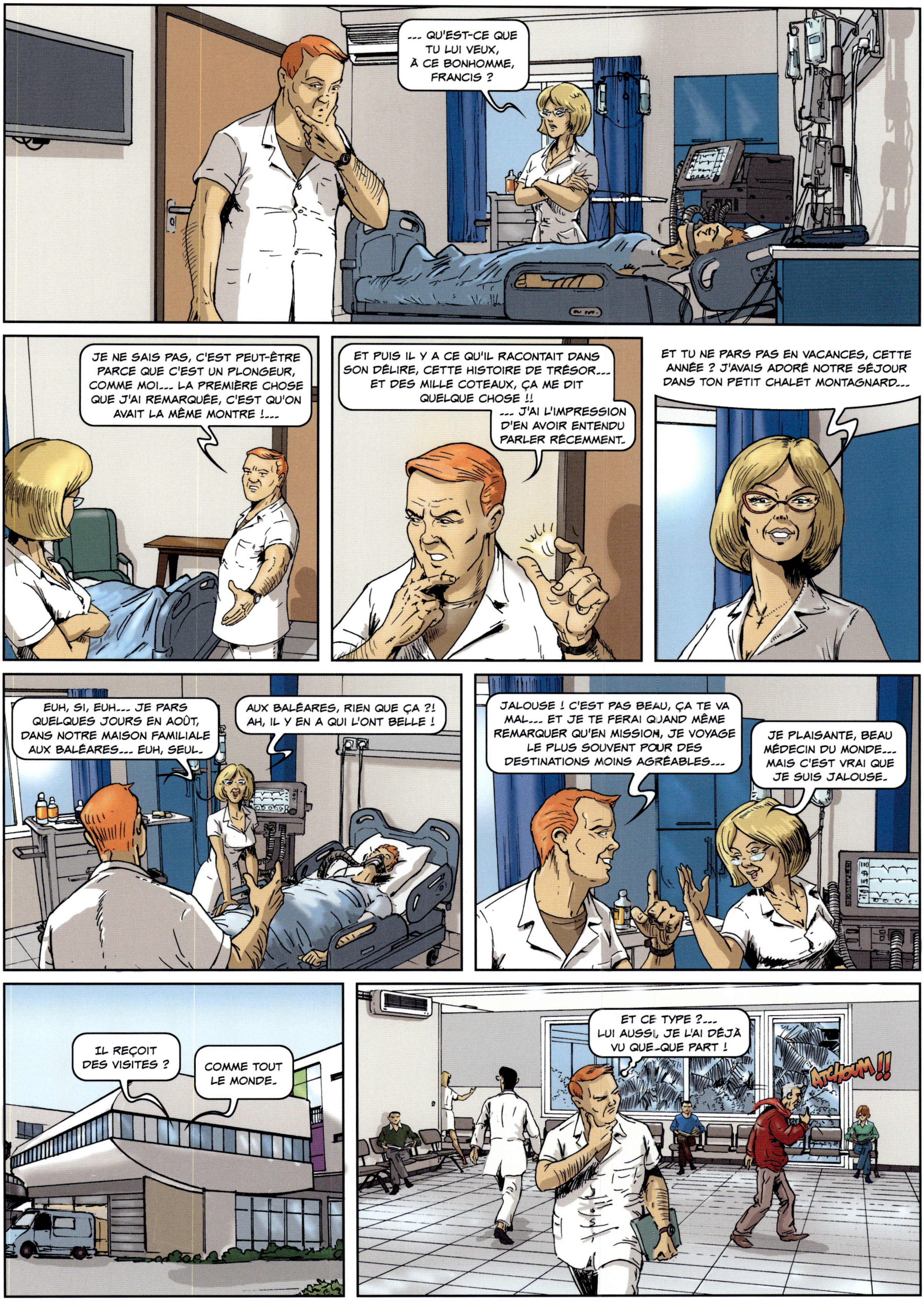
... QU'EST-CE QUE TU LUI VEUX, À CE BONHOMME, FRANCIS ?
JE NE SAIS PAS, C'EST PEUT-ÊTRE PARCE QUE C'EST UN PLONGEUR, COMME MOI... LA PREMIÈRE CHOSE QUE J'AI REMARQUÉE, C'EST QU'ON AVAIT LA MÊME MONTRE !...
ET PUIS IL Y A CE QU'IL RACONTAIT DANS SON DÉLIRE, CETTE HISTOIRE DE TRÉSOR... ET DES MILLE COTEAUX, ÇA ME DIT QUELQUE CHOSE !!
... J'AI L'IMPRESSION D'EN AVOIR ENTENDU PARLER RÉCEMMENT.
ET TU NE PARS PAS EN VACANCES, CETTE ANNÉE ? J'AVAIS ADORÉ NOTRE SÉJOUR DANS TON PETIT CHALET MONTAGNARD...
EUH, SI, EUH... JE PARS QUELQUES JOURS EN AOÛT, DANS NOTRE MAISON FAMILIALE AUX BALÉARES... EUH, SEUL.
AUX BALÉARES, RIEN QUE ÇA ?! AH, IL Y EN A QUI L'ONT BELLE !
JALOUSE ! C'EST PAS BEAU, ÇA TE VA MAL... ET JE TE FERAI QUAND MÊME REMARQUER QU'EN MISSION, JE VOYAGE LE PLUS SOUVENT POUR DES DESTINATIONS MOINS AGRÉABLES...
JE PLAISANTE, BEAU MÉDECIN DU MONDE... MAIS C'EST VRAI QUE JE SUIS JALOUSE.
IL REÇOIT DES VISITES ?
COMME TOUT LE MONDE.
ET CE TYPE ?... LUI AUSSI, JE L'AI DÉJÀ VU QUE-QUE PART !
ATCHOUM !!

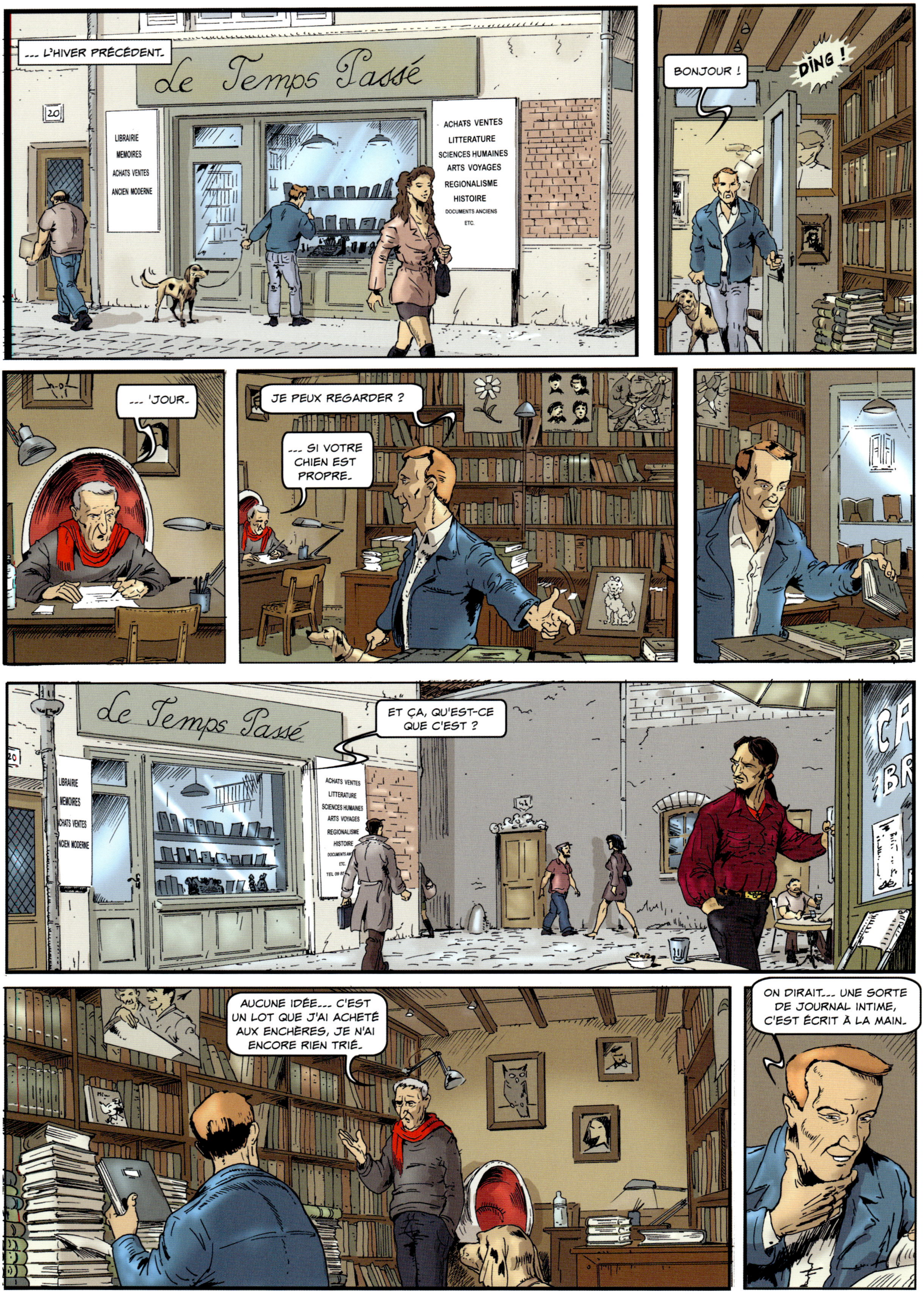
... L'HIVER PRÉCÉDENT.
Le Temps Passé
20
LIBRAIRIE
MEMOIRES
ACHATS VENTES
ANCIEN MODERNE
ACHATS VENTES
LITTERATURE
SCIENCES HUMAINES
ARTS VOYAGES
REGIONALISME
HISTOIRE
DOCUMENTS ANCIENS
ETC.
BONJOUR !
DING !
... 'JOUR.
JE PEUX REGARDER ?
... SI VOTRE CHIEN EST PROPRE.
Le Temps Passé
ET ÇA, QU'EST-CE QUE C'EST ?
AUCUNE IDÉE... C'EST UN LOT QUE J'AI ACHETÉ AUX ENCHÈRES, JE N'AI ENCORE RIEN TRIÉ.
ON DIRAIT... UNE SORTE DE JOURNAL INTIME, C'EST ÉCRIT À LA MAIN.

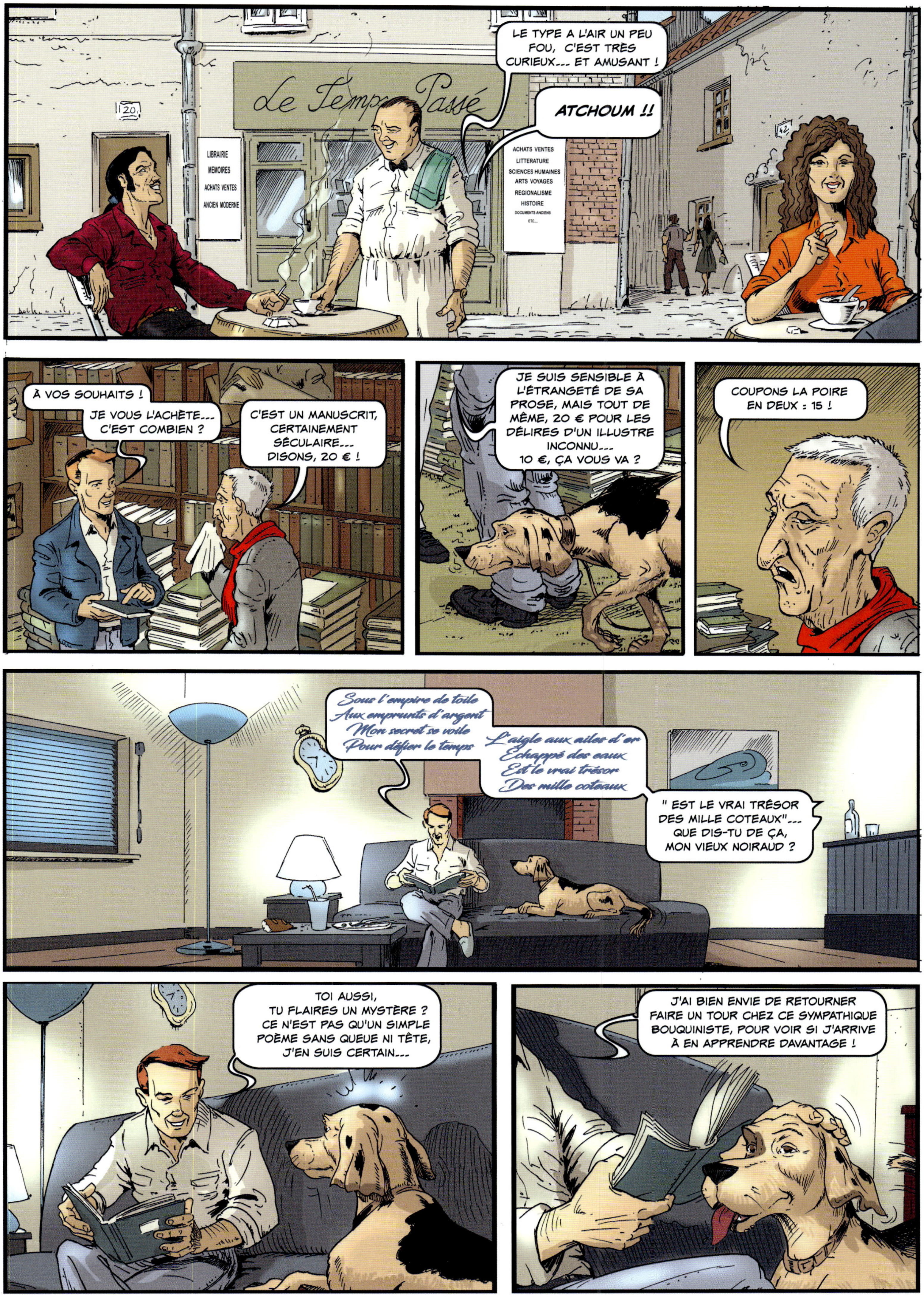

Le Temp… Passé
20
LIBRAIRIE
MEMOIRES
ACHATS VENTES
ANCIEN MODERNE
ACHATS VENTES
LITTERATURE
SCIENCES HUMAINES
ARTS VOYAGES
REGIONALISME
HISTOIRE
DOCUMENTS ANCIENS
ETC...
LE TYPE A L'AIR UN PEU FOU, C'EST TRÈS CURIEUX... ET AMUSANT !
ATCHOUM !!
À VOS SOUHAITS !
JE VOUS L'ACHÈTE... C'EST COMBIEN ?
C'EST UN MANUSCRIT, CERTAINEMENT SÉCULAIRE... DISONS, 20 € !
JE SUIS SENSIBLE À L'ÉTRANGETÉ DE SA PROSE, MAIS TOUT DE MÊME, 20 € POUR LES DÉLIRES D'UN ILLUSTRE INCONNU... 10 €, ÇA VOUS VA ?
COUPONS LA POIRE EN DEUX : 15 !
Sous l'empire de toile
Aux emprunts d'argent
Mon secret se voile
Pour défier le temps
L'aigle aux ailes d'or
Échappé des eaux
Est le vrai trésor
Des mille coteaux
" EST LE VRAI TRÉSOR DES MILLE COTEAUX"... QUE DIS-TU DE ÇA, MON VIEUX NOIRAUD ?
TOI AUSSI, TU FLAIRES UN MYSTÈRE ? CE N'EST PAS QU'UN SIMPLE POÈME SANS QUEUE NI TÊTE, J'EN SUIS CERTAIN...
J'AI BIEN ENVIE DE RETOURNER FAIRE UN TOUR CHEZ CE SYMPATHIQUE BOUQUINISTE, POUR VOIR SI J'ARRIVE À EN APPRENDRE DAVANTAGE !

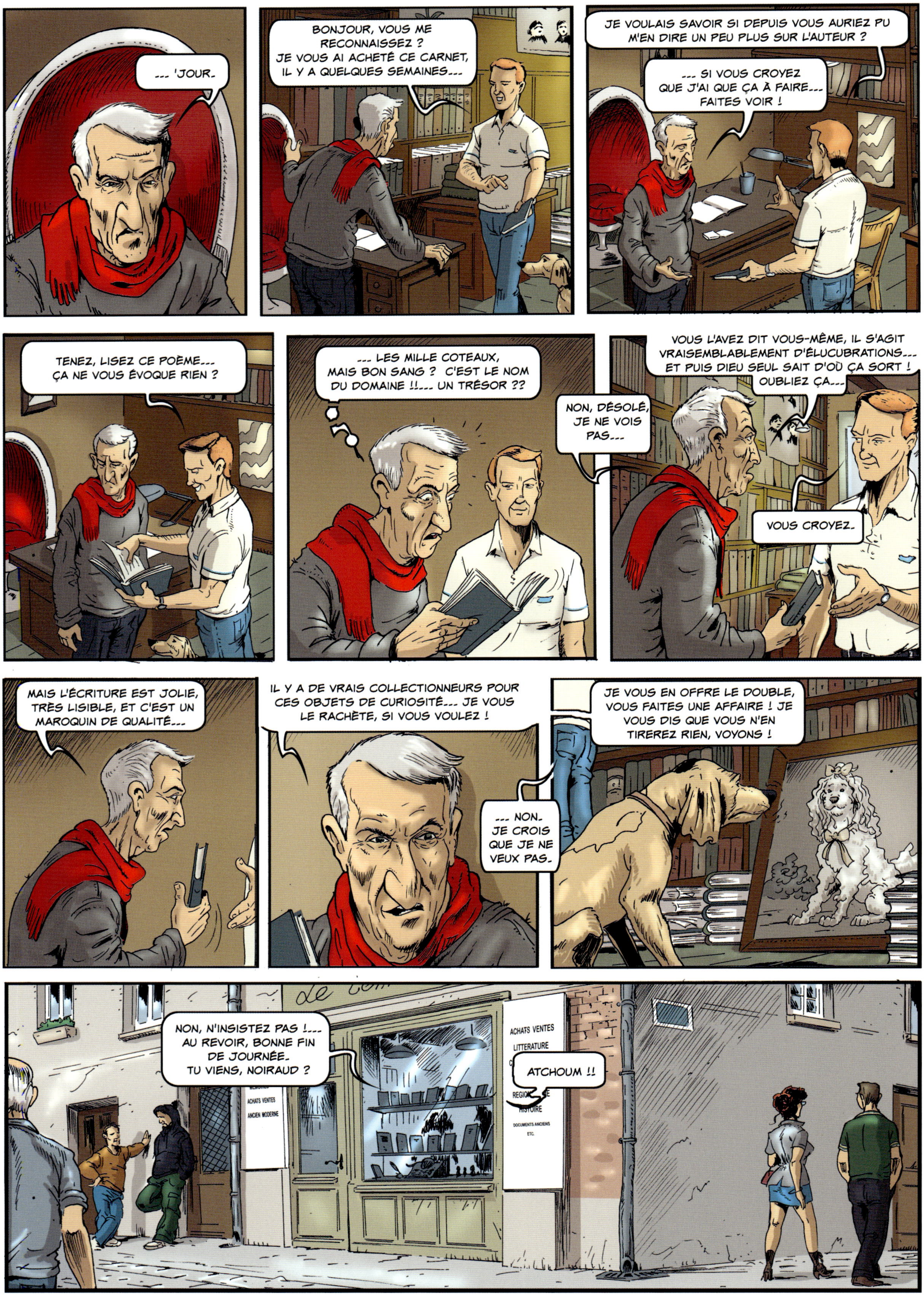
... 'JOUR.
BONJOUR, VOUS ME RECONNAISSEZ ? JE VOUS AI ACHETÉ CE CARNET, IL Y A QUELQUES SEMAINES...
JE VOULAIS SAVOIR SI DEPUIS VOUS AURIEZ PU M'EN DIRE UN PEU PLUS SUR L'AUTEUR ?
... SI VOUS CROYEZ QUE J'AI QUE ÇA À FAIRE... FAITES VOIR !
TENEZ, LISEZ CE POÈME... ÇA NE VOUS ÉVOQUE RIEN ?
... LES MILLE COTEAUX, MAIS BON SANG ? C'EST LE NOM DU DOMAINE !!... UN TRÉSOR ??
NON, DÉSOLÉ, JE NE VOIS PAS...
VOUS L'AVEZ DIT VOUS-MÊME, IL S'AGIT VRAISEMBLABLEMENT D'ÉLUCUBRATIONS... ET PUIS DIEU SEUL SAIT D'OÙ ÇA SORT ! OUBLIEZ ÇA...
VOUS CROYEZ.
MAIS L'ÉCRITURE EST JOLIE, TRÈS LISIBLE, ET C'EST UN MAROQUIN DE QUALITÉ...
IL Y A DE VRAIS COLLECTIONNEURS POUR CES OBJETS DE CURIOSITÉ... JE VOUS LE RACHÈTE, SI VOUS VOULEZ !
... NON. JE CROIS QUE JE NE VEUX PAS.
JE VOUS EN OFFRE LE DOUBLE, VOUS FAITES UNE AFFAIRE ! JE VOUS DIS QUE VOUS N'EN TIREREZ RIEN, VOYONS !
NON, N'INSISTEZ PAS !... AU REVOIR, BONNE FIN DE JOURNÉE. TU VIENS, NOIRAUD ?
ATCHOUM !!
ACHATS VENTES
LITTERATURE
HISTOIRE
DOCUMENTS ANCIENS
ETC.
ACHATS VENTES
ANCIEN MODERNE

...RORO ! RORO !!
SUIS CE TYPE DISCRÈTEMENT, ET REVIENS ICI ME DIRE OÙ IL HABITE... ET TU SERAS DE MOITIÉ AVEC MOI ! FILE, JE T'EXPLIQUERAI !
OUVERT
FERMÉ
TE REVOILÀ !... ALORS ?
J'AI SON ADRESSE. TU M'EXPLIQUES ?
OUVERT
J'AI ACQUIS UN LOT AUX ENCHÈRES, LE CONTENU DE LA BIBLIOTHÈQUE DES MILLE COTEAUX... UN ANCIEN DOMAINE VINICOLE PROCHE DU PONT DU GARD, OÙ L'ON PRODUISAIT JADIS UN COSTIÈRES-DE-NÎMES, RAVAGÉ EN 1907 PAR LE PHYLLOXÉRA... LA BARAQUE AVAIT ÉTÉ RACHETÉE PEU APRÈS PAR UN EXCENTRIQUE, QUI AVAIT FAIT FORTUNE DANS LES AFFAIRES...
SON JOURNAL INTIME A ÉVEILLÉ LA CURIOSITÉ D'UN IMBÉCILE, À QUI JE L'AI VENDU QUATRE SOUS, CROYANT LE MACHIN SANS VALEUR.
IL EST REVENU ME FAIRE LIRE UNE POÉSIE CODÉE, À LAQUELLE IL N'A ENCORE RIEN CAPTÉ... SAUF QUE JE CONNAISSAIS, MOI, CE NOM DES MILLE COTEAUX, PUISQUE J'ÉTAIS À LA LIQUIDATION DE LA SUCCESSION, ET J'AI TOUT DE SUITE COMPRIS QU'IL S'AGISSAIT D'UN TRÉSOR !
MAIS RIEN À FAIRE POUR LUI REPRENDRE CE FOUTU JOURNAL ! IL S'INTERROMPT AU DÉPART À LA GUERRE DU MAÎTRE DES LIEUX... QUI EST MORT SUR LE FRONT ET N'EST JAMAIS REVENU CHEZ LUI : DONC LE TRÉSOR S'Y TROUVE ENCORE, MAIS IL FAUT FAIRE VITE... ET RÉCUPÉRER CE CARNET AVANT QUE LES BÂTIMENTS NE SOIENT DÉMOLIS !
ET COMMENT TU VOUDRAIS QUE J'M'Y PRENNE ?
POUR ÇA... JE COMPTE SUR TA MOITIÉ GITAN, MON CHER NEVEU.

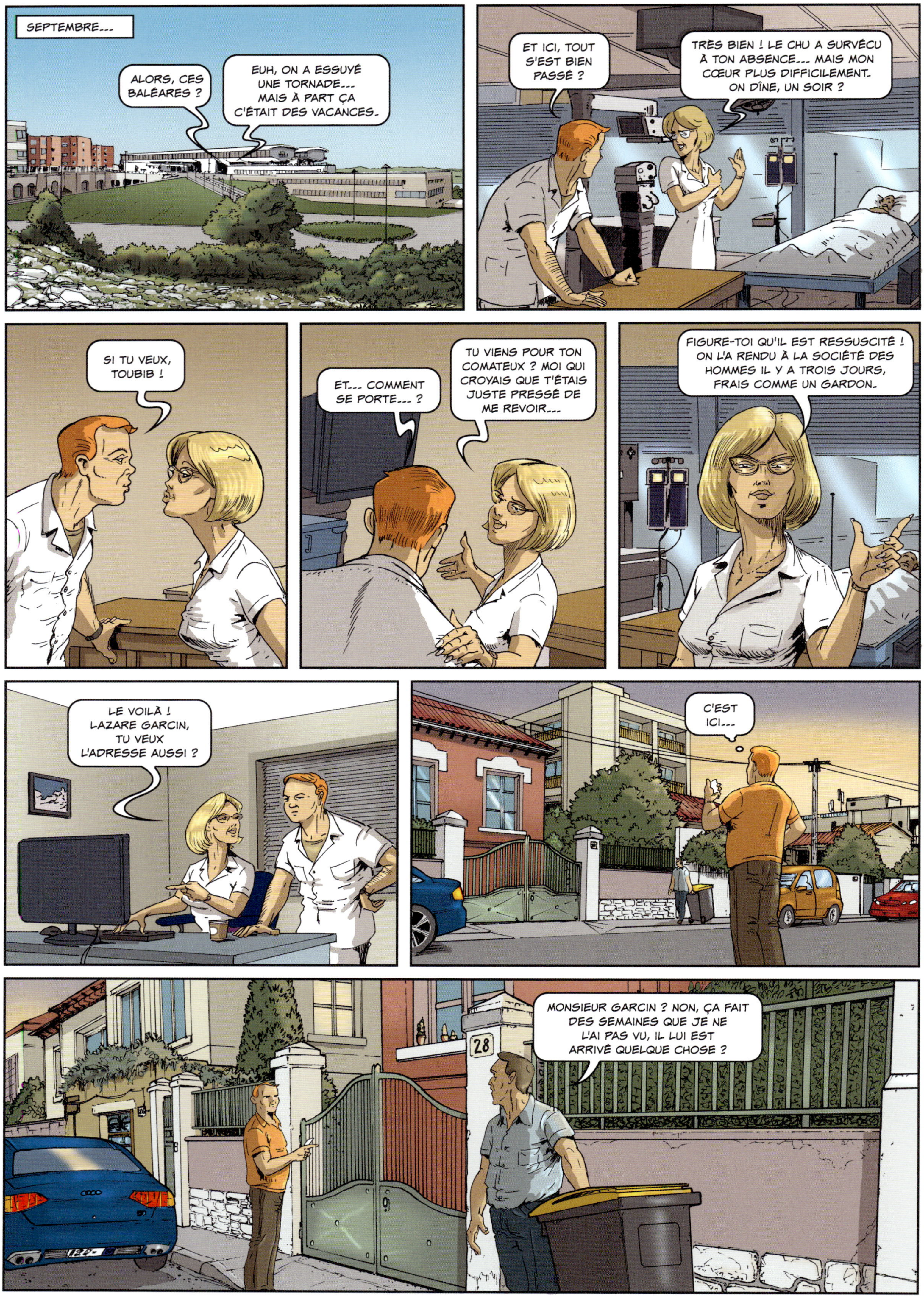
SEPTEMBRE...
ALORS, CES BALÉARES ?
EUH, ON A ESSUYÉ UNE TORNADE... MAIS À PART ÇA C'ÉTAIT DES VACANCES.
ET ICI, TOUT S'EST BIEN PASSÉ ?
TRÈS BIEN ! LE CHU A SURVÉCU À TON ABSENCE... MAIS MON CŒUR PLUS DIFFICILEMENT. ON DÎNE, UN SOIR ?
SI TU VEUX, TOUBIB !
ET... COMMENT SE PORTE... ?
TU VIENS POUR TON COMATEUX ? MOI QUI CROYAIS QUE T'ÉTAIS JUSTE PRESSÉ DE ME REVOIR...
FIGURE-TOI QU'IL EST RESSUSCITÉ ! ON L'A RENDU À LA SOCIÉTÉ DES HOMMES IL Y A TROIS JOURS, FRAIS COMME UN GARDON.
LE VOILÀ ! LAZARE GARCIN, TU VEUX L'ADRESSE AUSSI ?
C'EST ICI...
28
MONSIEUR GARCIN ? NON, ÇA FAIT DES SEMAINES QUE JE NE L'AI PAS VU, IL LUI EST ARRIVÉ QUELQUE CHOSE ?

Auberge du Clos-Veynac
... DEPUIS QU'IL EST RENTRÉ CHEZ LUI, PLUS PERSONNE NE L'A REVU...
ET IL Y A AUSSI CES PHRASES QU'IL RÉPÉTAIT EN BOUCLE, À PROPOS DE CE TRÉSOR DES MILLE COTEAUX...
... LES MILLE COTEAUX, BON SANG, MAIS C'EST... BIEN SÛR !?!
CLAC
CETTE VENTE COMMENCERA PAR LA DISPERSION DE L'ENTIER MOBILIER DU DOMAINE DES MILLE COTEAUX...
C'EST UN GRAND DOMAINE À L'ABANDON, À UN JET DE PIERRE DU PONT DU GARD, SI J'EN CROIS L'ÉTIQUETTE DU VIN QU'ON Y PRODUISAIT JADIS...
REGARDE ! J'EN AVAIS ACHETÉ QUELQUES VIEILLES BOUTEILLES LE JOUR DE LA VENTE AUX ENCHÈRES.
ON A LE DROIT DE LE BOIRE, OU C'EST UNE PIÈCE À CONVICTION ?
SI ÇA PEUT TE FAIRE PLAISIR, ON POURRA ALLER Y FAIRE UN TOUR, CE SERA L'OCCASION DE PIQUE-NIQUER AU PONT DU GARD COMME DU TEMPS DE PAPA GAZUCHO.
D'ICI LÀ, ESSAYONS DE NOUS RENSEIGNER DAVANTAGE ! ÉRIC, JADE, VOUS ÊTES AVEC MOI ?

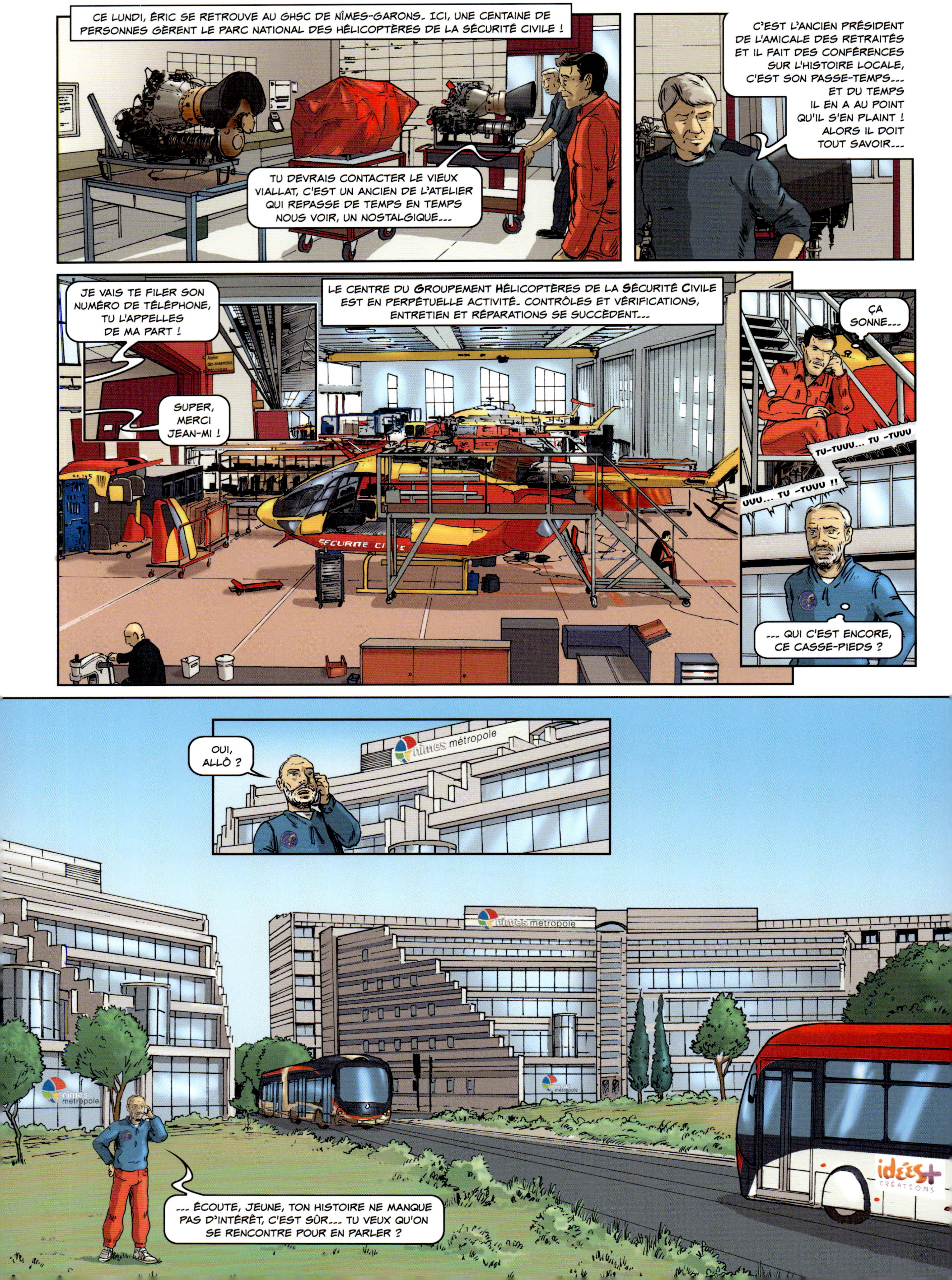

CE LUNDI, ÉRIC SE RETROUVE AU GHSC DE NÎMES-GARONS. ICI, UNE CENTAINE DE PERSONNES GÈRENT LE PARC NATIONAL DES HÉLICOPTÈRES DE LA SÉCURITÉ CIVILE !
TU DEVRAIS CONTACTER LE VIEUX VIALLAT, C'EST UN ANCIEN DE L'ATELIER QUI REPASSE DE TEMPS EN TEMPS NOUS VOIR, UN NOSTALGIQUE...
C'EST L'ANCIEN PRÉSIDENT DE L'AMICALE DES RETRAITÉS ET IL FAIT DES CONFÉRENCES SUR L'HISTOIRE LOCALE, C'EST SON PASSE-TEMPS... ET DU TEMPS IL EN A AU POINT QU'IL S'EN PLAINT ! ALORS IL DOIT TOUT SAVOIR...
JE VAIS TE FILER SON NUMÉRO DE TÉLÉPHONE, TU L'APPELLES DE MA PART !
SUPER, MERCI JEAN-MI !
LE CENTRE DU GROUPEMENT HÉLICOPTÈRES DE LA SÉCURITÉ CIVILE EST EN PERPÉTUELLE ACTIVITÉ. CONTRÔLES ET VÉRIFICATIONS, ENTRETIEN ET RÉPARATIONS SE SUCCÈDENT...
SÉCURITÉ CIVILE
ÇA SONNE...
TU-TUUU... TU -TUUU
UUU... TU -TUUU !!
... QUI C'EST ENCORE, CE CASSE-PIEDS ?
OUI, ALLÔ ?
nîmes métropole
nîmes métropole
nîmes métropole
... ÉCOUTE, JEUNE, TON HISTOIRE NE MANQUE PAS D'INTÉRÊT, C'EST SÛR... TU VEUX QU'ON SE RENCONTRE POUR EN PARLER ?
idées+ CRÉATIONS

OUI, J'AI TROUVÉ PAS MAL DE CHOSES SUR LES MILLE COTEAUX... ET SUR LEUR FANTASQUE PROPRIÉTAIRE ! VOUS ALLEZ COMPRENDRE...
JE POSSÈDE TOUS LES NUMÉROS DU SUPPLÉMENT ILLUSTRÉ DU PETIT PROVENÇAL RELIÉS, DE 1890 À 1944 !
ET TENEZ, LA VOILÀ, LA FAMEUSE PHOTO DONT JE VOUS AI PARLÉ !
LORS DE LA PREMIÈRE GRANDE INONDATION DE NÎMES, LA MYTHIQUE, CELLE DE 1912, AUSSI INCROYABLE QUE CELA PARAISSE, LES MILLE COTEAUX AVAIENT ÉTÉ ENGLOUTIS JUSQU'AU TOIT DU DOMAINE, QUI SEUL AVAIT ÉCHAPPÉ À LA CRUE GIGANTESQUE DU GARD... ON LE VOIT BIEN, D'AILLEURS, QUI ÉMERGE.
ALORS CE TRÉSOR ÉCHAPPÉ DES EAUX, COMME LE RÉPÉTAIT LAZARE GARCIN DANS SON DÉLIRE... ?
EH BIEN, C'EST QU'IL DEVAIT PROBABLEMENT SE TROUVER À L'ABRI, BIEN AU SEC DANS LE GRENIER... ET SI PERSONNE NE L'Y A DÉCOUVERT DEPUIS...
IL ATTEND PEUT-ÊTRE ENCORE SOUS LES TOITS QUE SON LÉGITIME PROPRIÉTAIRE RENTRE DE VERDUN.

* PMD : MESSAGE DU PILOTE SIGNIFIANT QUE LA MACHINE EST AU RÉGIME MAXIMUM ET NE POURRA RESTER DANS CE CAS DE VOL QUE 5 MINUTES.

KABOOM !
MON ONCLE ÉTERNUE TOUTE L'ANNÉE, ON DIRAIT QU'IL EST ENRHUMÉ ÉTÉ COMME HIVER...
C'EST VOUS ?...
OUI, C'EST VOUS, HÉLAS, J'AI RECONNU VOTRE FAÇON DE FORCER SUR LA CLÉ... JE CONNAIS VOTRE VOIX, À PRÉSENT.
IL DIT QUE C'EST LA POUSSIÈRE DES VIEUX BOUQUINS, C'EST POUR ÇA QU'IL VEUT CHANGER D'AIR ET S'OFFRIR UNE NOUVELLE VIE...
MAIS POUR ÇA IL FAUT BEAUCOUP DE POGNON !
VOTRE ONCLE... ? MAIS QUI ÊTES-VOUS, À LA FIN ? OÙ SOMMES-NOUS ??
Sous l'empire de toile
Aux emprunts d'argent
Mon secret se voile
Pour défier le temps
L'aigle aux ailes d'or
Échappé des eaux
Est le vrai trésor
Des mille coteaux
LE 3 OCTOBRE...
AU DOMAINE DES MILLE COTEAUX ! BIENTÔT, TOUT ÇA SERA DÉMOLI...

ILS VONT EN FAIRE UN GENRE DE TRUC ÉCOLO, UNE ZONE SANCTUARISÉE OU JE SAIS PAS QUOI...
ET CE SERA AUSSI VOTRE SANCTUAIRE.
MON... MON SANCTUAIRE ? POURQUOI ME GARDEZ-VOUS BOUCLÉ ICI, QUE ME VOULEZ-VOUS ? ME TUER ??
MON TONTON AURAIT PRÉFÉRÉ QU'ON VOUS RETIENNE PRISONNIER LE TEMPS NÉCESSAIRE... MAIS VOUS AVEZ VU MON VISAGE.
VOTRE... ? MAIS QUE... LES MILLE COTEAUX, VOUS DITES ? KÉSACO ?? ET VOUS, QUI ÊTES-VOUS... ?
NE VOUS FOUTEZ PAS DE MOI !!
MAIS... CES YEUX... VOS YEUX ?? AÏE, MA TÊTE ! MA TÊTE !!..
MAIS... OUI, JE... JE VOUS RECONNAIS ! VOUS ÊTES L'HOMME QUI... TOUT ME REVIENT !! LES MILLE COTEAUX, COMME DANS... ?!
VOUS... VOUS ÊTES LE TYPE DE L'ACCIDENT, C'EST BIEN ÇA !?... C'EST VOUS !!
ALORS TOUT CECI ÉTAIT BIEN INUTILE, JUSQU'À CET INSTANT JE NE ME SOUVENAIS PLUS DE RIEN...
HA !? PAS D'BOL, JE L'IGNORAIS ! MAIS ÇA NE CHANGE RIEN, UN JOUR OU L'AUTRE VOUS AURIEZ PU TOUT COMPRENDRE ET REMONTER JUSQU'À NOUS.

TOUS SE SOUVIENDRONT LONGTEMPS DU JOUR OÙ TOUT A COMMENCÉ...
À NOUS LA MER !!
GE-254-GE
RO-616-HU
MON VIEUX NOIRAUD, C'EST ALBAN QUI VA ÊTRE BIEN ÉPATÉ, AVEC SES ÉTERNELLES HISTOIRES D'AMPHORES ET DE PLONGÉES DANS TOUTES LES MERS DU GLOBE !
CETTE FOIS-CI, C'EST NOUS QUI ALLONS LE METTRE SUR LA PISTE D'UN TRÉSOR...
RO-616-HU
ÇA VA ÊTRE UNE BONNE JOURNÉE
GE-254-GE

CES BM, C'EST QUAND MÊME CE QUE JE PRÉFÈRE... !
QUELLE REPRISE !
VRRROOOOO
?!
TUUTUUUUTTT !!
OLÉÉÉÉÉÉÉ !!...
OUAH !
OUAH !
OUAH !
NOIRAUD, NON ?!!
ON EST PERDUS AVEC TON RACCOURCI...
SI TU T'ÉTAIS PAS TROMPÉ DE ROUTE, ON SERAIT PEUT-ÊTRE ARRIVÉS À L'HEURE CHEZ MA MÈRE !
ET SI ON N'AVAIT PAS DÛ FAIRE DEMI-TOUR PARCE QUE MADAME AVAIT OUBLIÉ LE GÂTEAU, ON Y SERAIT DÉJÀ...

CE N'EST PAS LE MOMENT DE TRAÎNER !
RIEN À FAIRE !...
HA, HA !! PAR ICI LE PRÉCIEUX CARNET !
... IL Y AURAIT PEUT-ÊTRE AUSSI LA SOLUTION DE NE PAS ALLER TOUS LES DIMANCHES CHEZ TA MÈRE ?
MÊME VOLÉE, ÇA FEND LE CŒUR D'ABÎMER UNE CAISSE PAREILLE...
RO-616-H
TU TROUVERAIS CERTAINEMENT MIEUX DE PASSER TOUS TES DIMANCHES À LA PÊCHE, POUR NOUS RAMENER DES CARPES PLEINES DE VASE ?
... ÇA VA ÊTRE UNE BONNE JOURNÉE !

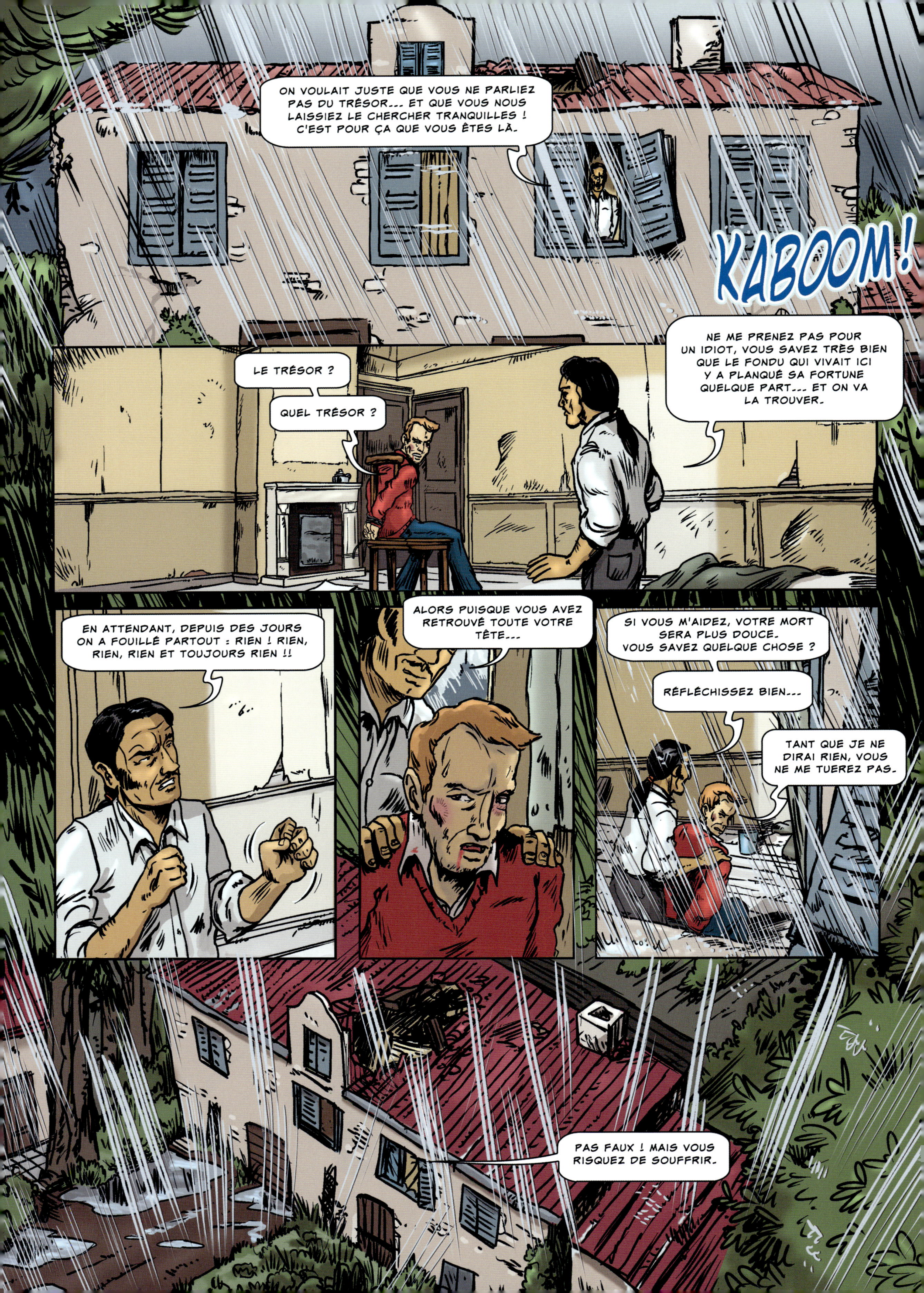
ON VOULAIT JUSTE QUE VOUS NE PARLIEZ PAS DU TRÉSOR... ET QUE VOUS NOUS LAISSIEZ LE CHERCHER TRANQUILLES ! C'EST POUR ÇA QUE VOUS ÊTES LÀ.
KABOOM !
LE TRÉSOR ?
QUEL TRÉSOR ?
NE ME PRENEZ PAS POUR UN IDIOT, VOUS SAVEZ TRÈS BIEN QUE LE FONDU QUI VIVAIT ICI Y A PLANQUÉ SA FORTUNE QUELQUE PART... ET ON VA LA TROUVER.
EN ATTENDANT, DEPUIS DES JOURS ON A FOUILLÉ PARTOUT : RIEN ! RIEN, RIEN, RIEN ET TOUJOURS RIEN !!
ALORS PUISQUE VOUS AVEZ RETROUVÉ TOUTE VOTRE TÊTE...
SI VOUS M'AIDEZ, VOTRE MORT SERA PLUS DOUCE. VOUS SAVEZ QUELQUE CHOSE ?
RÉFLÉCHISSEZ BIEN...
TANT QUE JE NE DIRAI RIEN, VOUS NE ME TUEREZ PAS.
PAS FAUX ! MAIS VOUS RISQUEZ DE SOUFFRIR.

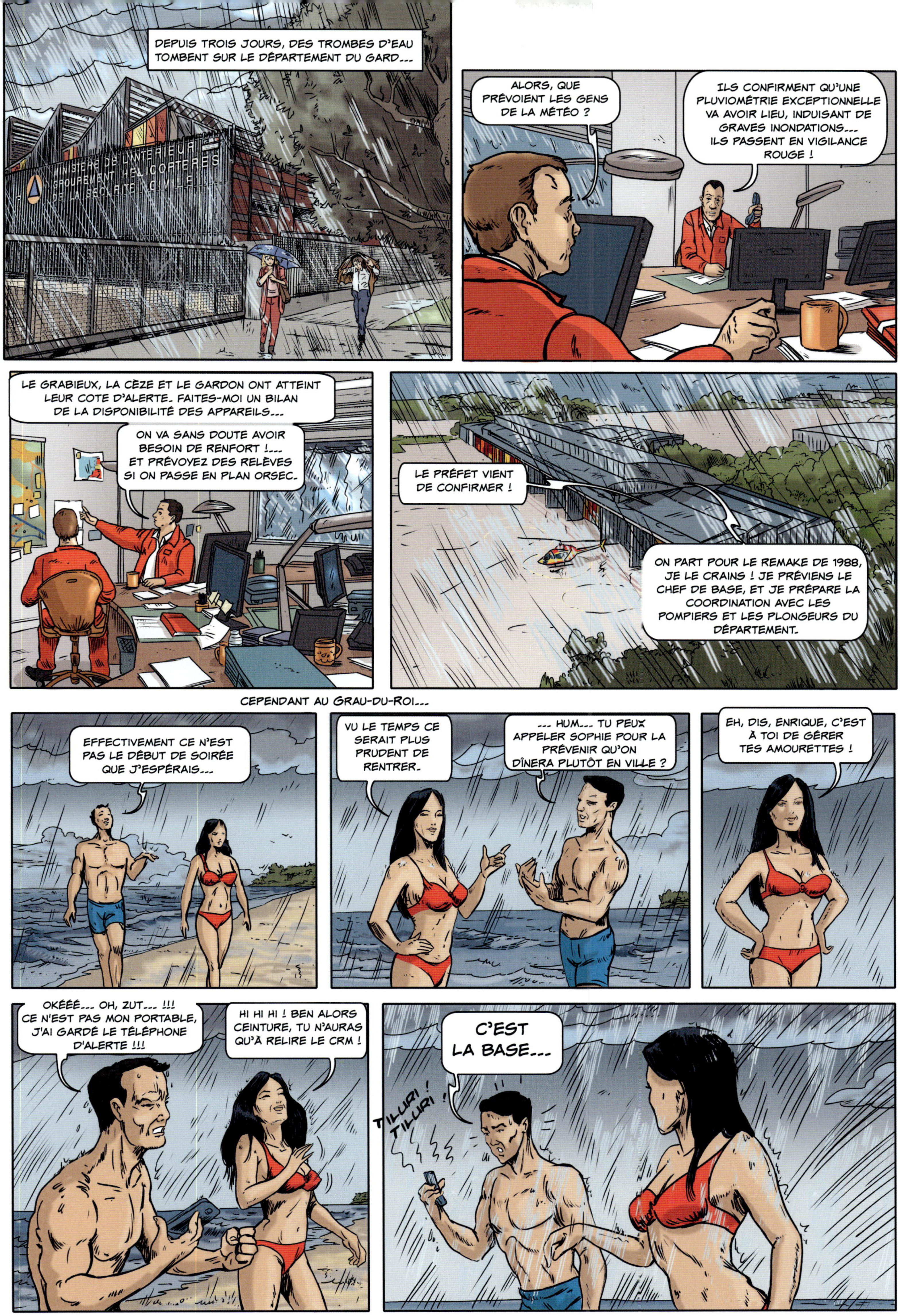
DEPUIS TROIS JOURS, DES TROMBES D'EAU TOMBENT SUR LE DÉPARTEMENT DU GARD...
ALORS, QUE PRÉVOIENT LES GENS DE LA MÉTÉO ?
ILS CONFIRMENT QU'UNE PLUVIOMÉTRIE EXCEPTIONNELLE VA AVOIR LIEU, INDUISANT DE GRAVES INONDATIONS... ILS PASSENT EN VIGILANCE ROUGE !
LE GRABIEUX, LA CÈZE ET LE GARDON ONT ATTEINT LEUR COTE D'ALERTE. FAITES-MOI UN BILAN DE LA DISPONIBILITÉ DES APPAREILS...
ON VA SANS DOUTE AVOIR BESOIN DE RENFORT !... ET PRÉVOYEZ DES RELÈVES SI ON PASSE EN PLAN ORSEC.
LE PRÉFET VIENT DE CONFIRMER !
ON PART POUR LE REMAKE DE 1988, JE LE CRAINS ! JE PRÉVIENS LE CHEF DE BASE, ET JE PRÉPARE LA COORDINATION AVEC LES POMPIERS ET LES PLONGEURS DU DÉPARTEMENT.
CEPENDANT AU GRAU-DU-ROI...
EFFECTIVEMENT CE N'EST PAS LE DÉBUT DE SOIRÉE QUE J'ESPÉRAIS...
VU LE TEMPS CE SERAIT PLUS PRUDENT DE RENTRER.
... HUM... TU PEUX APPELER SOPHIE POUR LA PRÉVENIR QU'ON DÎNERA PLUTÔT EN VILLE ?
EH, DIS, ENRIQUE, C'EST À TOI DE GÉRER TES AMOURETTES !
OKÉÉÉ... OH, ZUT... !!! CE N'EST PAS MON PORTABLE, J'AI GARDÉ LE TÉLÉPHONE D'ALERTE !!!
HI HI HI ! BEN ALORS CEINTURE, TU N'AURAS QU'À RELIRE LE CRM !
TILURI ! TILURI !
C'EST LA BASE...

KABOOM !
AÏE ?!
C'EST MON SANG OU C'EST LE TIEN ?
AH, MON SALAUD ! JE ME SUIS OUVERT LES PHALANGES SUR TES DENTS !!
... JE... PITIÉ... JE NE SAIS RIEN...
LA FERME, J'AI COMPRIS QUE TU NE SAIS RIEN, JE COGNE POUR LE PLAISIR !...
J'AI DES GRANDES MAINS, C'EST FAIT POUR SERVIR.
JE VAIS QUAND MÊME DÉSINFECTER LA PLAIE AU WHISKY, J'EN AI DANS LA VOITURE...
MAIS... QU'EST-CE QUI S'PASSE ???
C'EST QUOI, TOUTE CETTE FLOTTE ???
ÇA CONTINUE DE MONTER... ! VITE, AU GRENIER !!
... ?

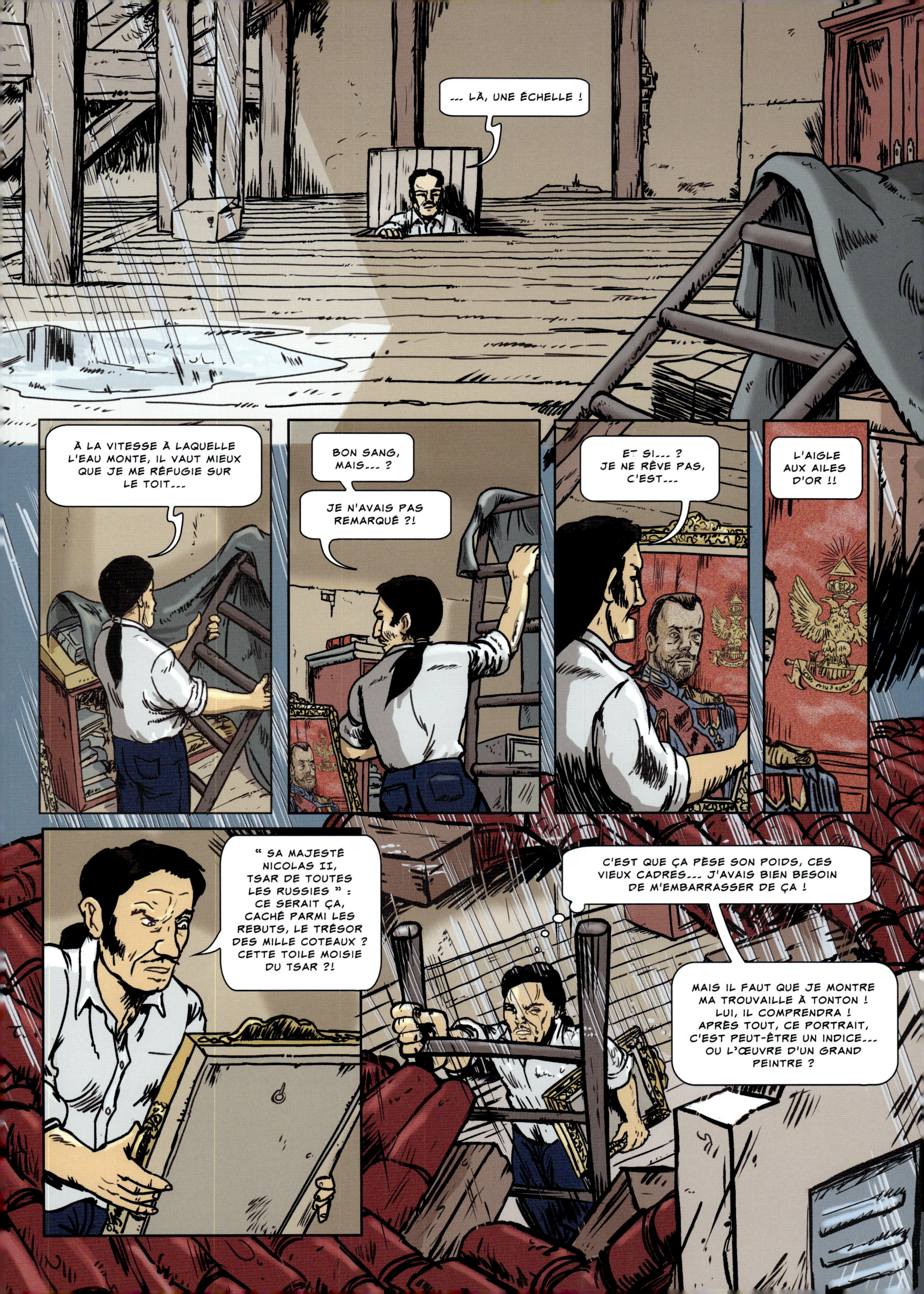
... LÀ, UNE ÉCHELLE !
À LA VITESSE À LAQUELLE L'EAU MONTE, IL VAUT MIEUX QUE JE ME RÉFUGIE SUR LE TOIT...
BON SANG, MAIS... ?
JE N'AVAIS PAS REMARQUÉ ?!
ET SI... ? JE NE RÊVE PAS, C'EST...
L'AIGLE AUX AILES D'OR !!
« SA MAJESTÉ NICOLAS II, TSAR DE TOUTES LES RUSSIES » : CE SERAIT ÇA, CACHÉ PARMI LES REBUTS, LE TRÉSOR DES MILLE COTEAUX ? CETTE TOILE MOISIE DU TSAR ?!
C'EST QUE ÇA PÈSE SON POIDS, CES VIEUX CADRES... J'AVAIS BIEN BESOIN DE M'EMBARRASSER DE ÇA !
MAIS IL FAUT QUE JE MONTRE MA TROUVAILLE À TONTON ! LUI, IL COMPRENDRA ! APRÈS TOUT, CE PORTRAIT, C'EST PEUT-ÊTRE UN INDICE... OU L'ŒUVRE D'UN GRAND PEINTRE ?

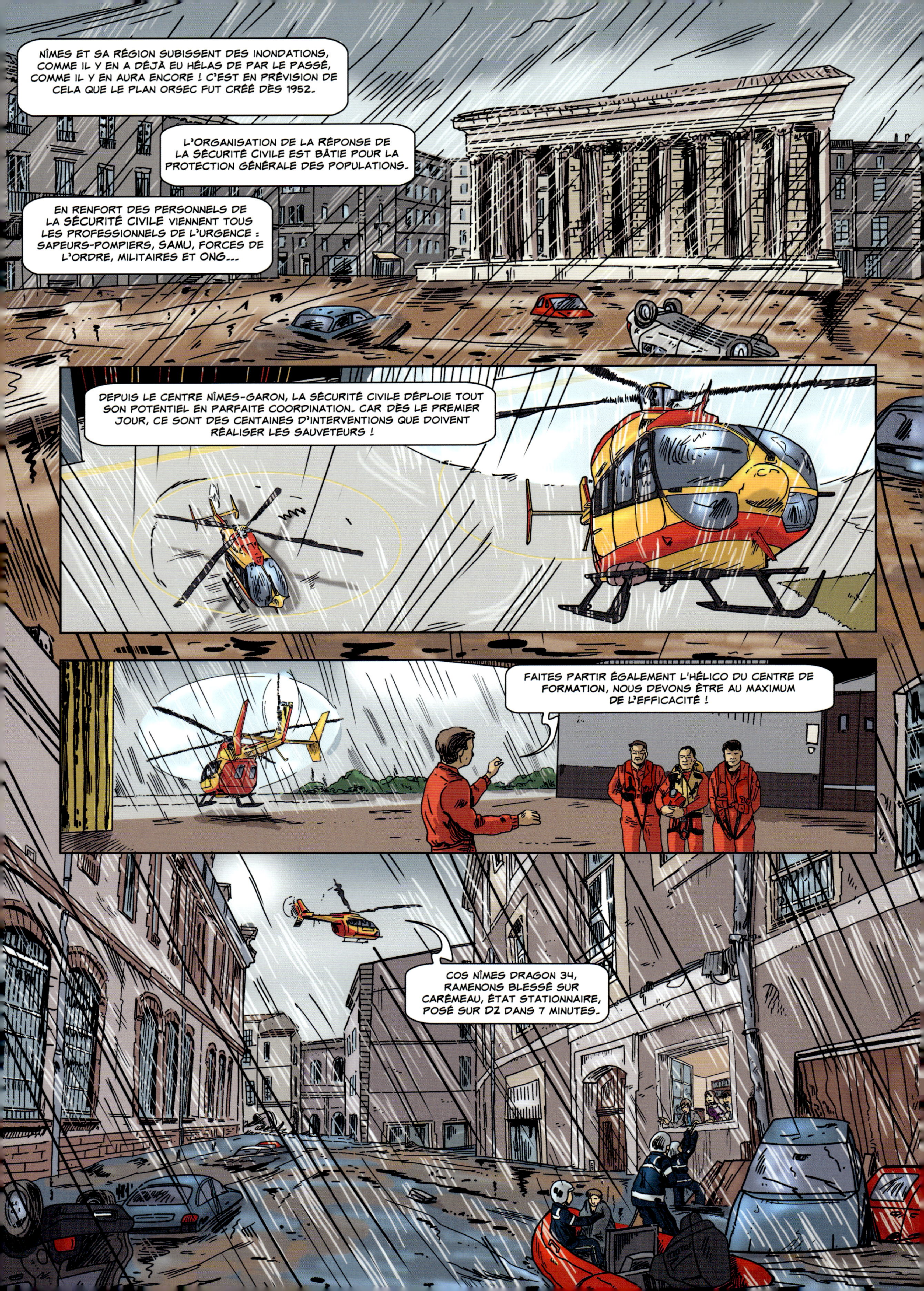
NÎMES ET SA RÉGION SUBISSENT DES INONDATIONS, COMME IL Y EN A DÉJÀ EU HÉLAS DE PAR LE PASSÉ, COMME IL Y EN AURA ENCORE ! C'EST EN PRÉVISION DE CELA QUE LE PLAN ORSEC FUT CRÉÉ DÈS 1952.
L'ORGANISATION DE LA RÉPONSE DE LA SÉCURITÉ CIVILE EST BÂTIE POUR LA PROTECTION GÉNÉRALE DES POPULATIONS.
EN RENFORT DES PERSONNELS DE LA SÉCURITÉ CIVILE VIENNENT TOUS LES PROFESSIONNELS DE L'URGENCE : SAPEURS-POMPIERS, SAMU, FORCES DE L'ORDRE, MILITAIRES ET ONG...
DEPUIS LE CENTRE NÎMES-GARON, LA SÉCURITÉ CIVILE DÉPLOIE TOUT SON POTENTIEL EN PARFAITE COORDINATION. CAR DÈS LE PREMIER JOUR, CE SONT DES CENTAINES D'INTERVENTIONS QUE DOIVENT RÉALISER LES SAUVETEURS !
FAITES PARTIR ÉGALEMENT L'HÉLICO DU CENTRE DE FORMATION, NOUS DEVONS ÊTRE AU MAXIMUM DE L'EFFICACITÉ !
COS NÎMES DRAGON 34, RAMENONS BLESSÉ SUR CARÉMEAU, ÉTAT STATIONNAIRE, POSÉ SUR D2 DANS 7 MINUTES.

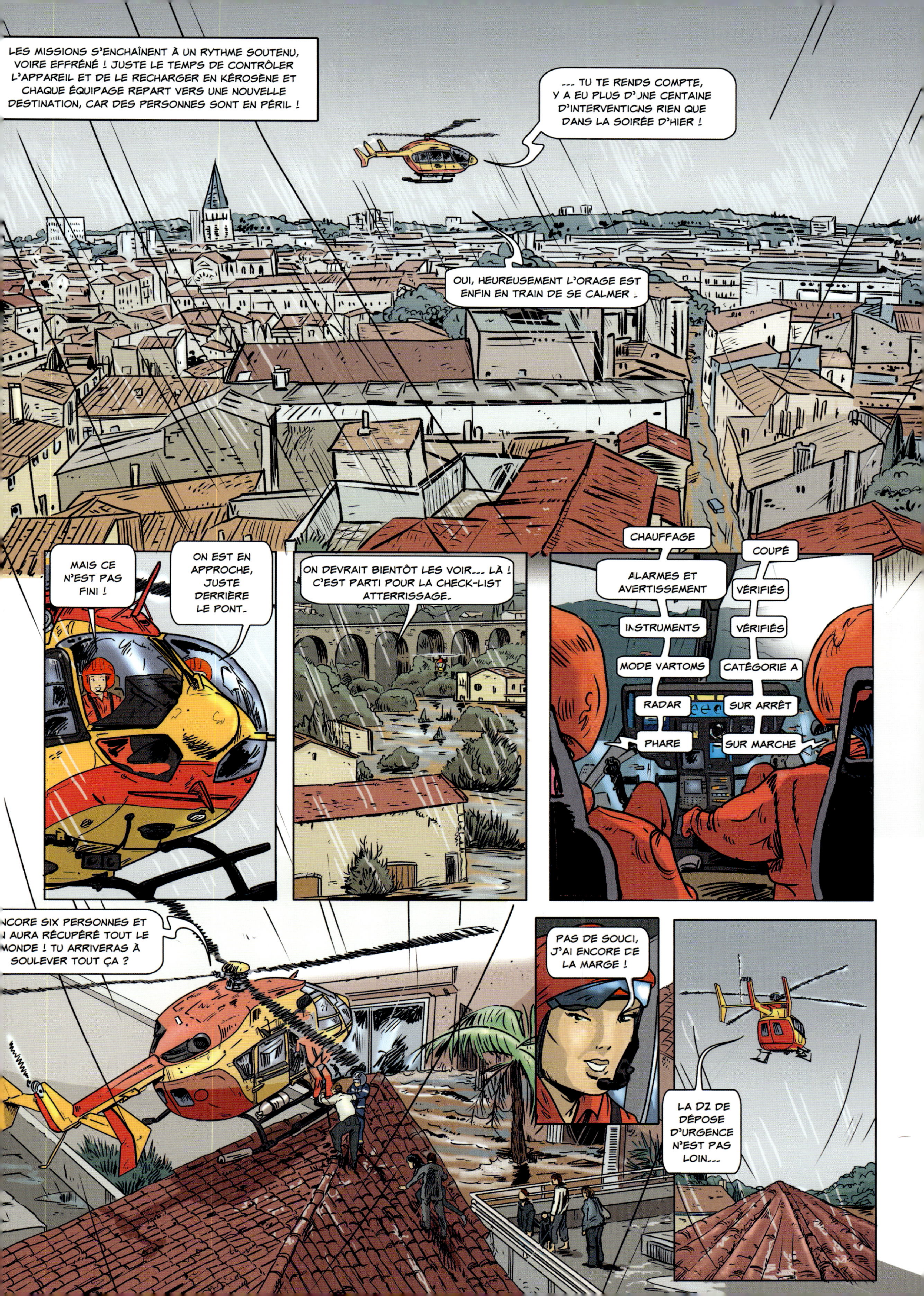
LES MISSIONS S'ENCHAÎNENT À UN RYTHME SOUTENU, VOIRE EFFRÉNÉ ! JUSTE LE TEMPS DE CONTRÔLER L'APPAREIL ET DE LE RECHARGER EN KÉROSÈNE ET CHAQUE ÉQUIPAGE REPART VERS UNE NOUVELLE DESTINATION, CAR DES PERSONNES SONT EN PÉRIL !
... TU TE RENDS COMPTE, Y A EU PLUS D'UNE CENTAINE D'INTERVENTIONS RIEN QUE DANS LA SOIRÉE D'HIER !
OUI, HEUREUSEMENT L'ORAGE EST ENFIN EN TRAIN DE SE CALMER !
MAIS CE N'EST PAS FINI !
ON EST EN APPROCHE, JUSTE DERRIÈRE LE PONT.
ON DEVRAIT BIENTÔT LES VOIR... LÀ ! C'EST PARTI POUR LA CHECK-LIST ATTERRISSAGE.
CHAUFFAGE
COUPÉ
ALARMES ET AVERTISSEMENT
VÉRIFIÉS
INSTRUMENTS
VÉRIFIÉS
MODE VARTOMS
CATÉGORIE A
RADAR
SUR ARRÊT
PHARE
SUR MARCHE
NCORE SIX PERSONNES ET N AURA RÉCUPÉRÉ TOUT LE MONDE ! TU ARRIVERAS À SOULEVER TOUT ÇA ?
PAS DE SOUCI, J'AI ENCORE DE LA MARGE !
LA DZ DE DÉPOSE D'URGENCE N'EST PAS LOIN...

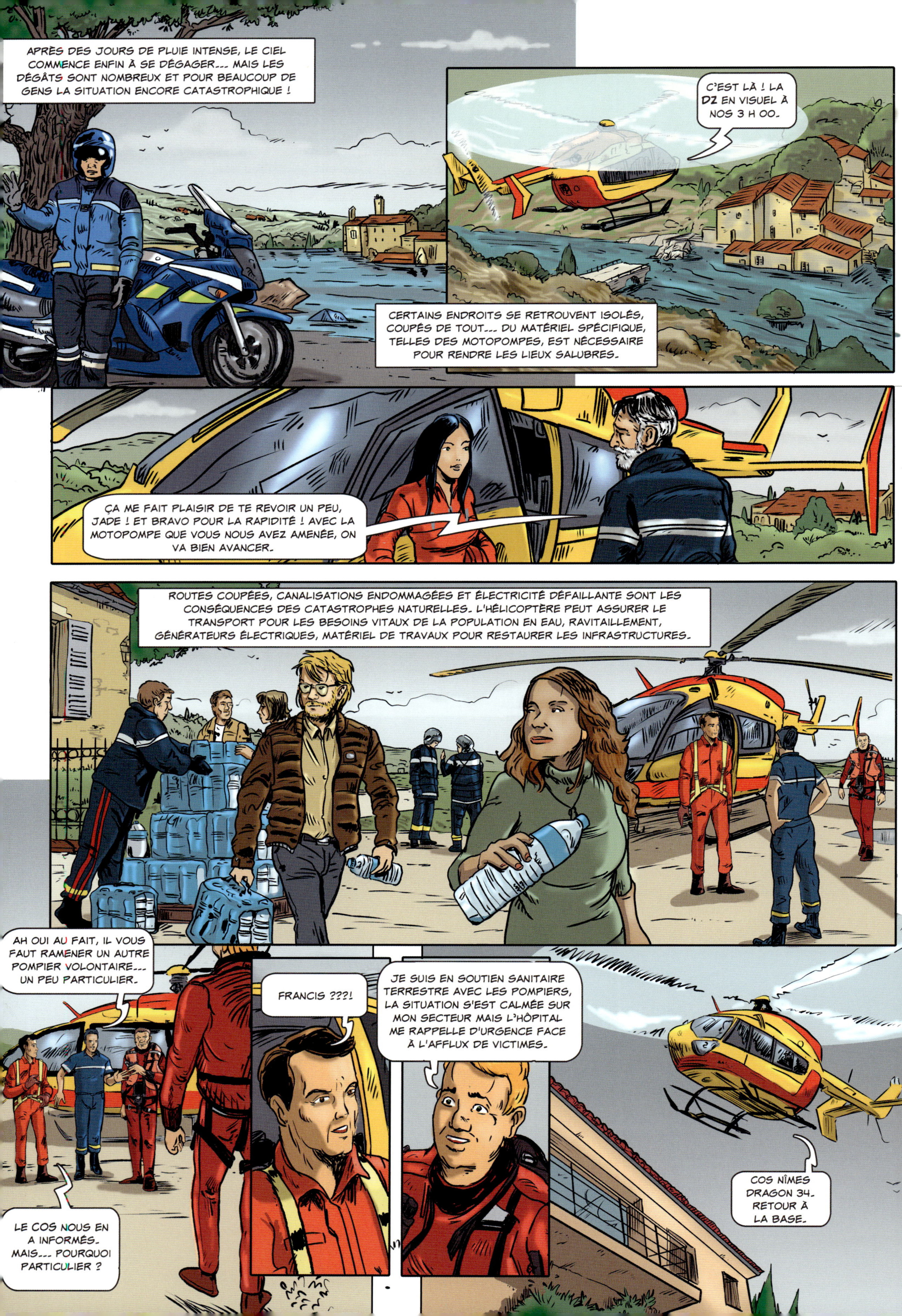
APRÈS DES JOURS DE PLUIE INTENSE, LE CIEL COMMENCE ENFIN À SE DÉGAGER... MAIS LES DÉGÂTS SONT NOMBREUX ET POUR BEAUCOUP DE GENS LA SITUATION ENCORE CATASTROPHIQUE !
C'EST LÀ ! LA DZ EN VISUEL À NOS 3 H 00.
CERTAINS ENDROITS SE RETROUVENT ISOLÉS, COUPÉS DE TOUT... DU MATÉRIEL SPÉCIFIQUE, TELLES DES MOTOPOMPES, EST NÉCESSAIRE POUR RENDRE LES LIEUX SALUBRES.
ÇA ME FAIT PLAISIR DE TE REVOIR UN PEU, JADE ! ET BRAVO POUR LA RAPIDITÉ ! AVEC LA MOTOPOMPE QUE VOUS NOUS AVEZ AMENÉE, ON VA BIEN AVANCER.
ROUTES COUPÉES, CANALISATIONS ENDOMMAGÉES ET ÉLECTRICITÉ DÉFAILLANTE SONT LES CONSÉQUENCES DES CATASTROPHES NATURELLES. L'HÉLICOPTÈRE PEUT ASSURER LE TRANSPORT POUR LES BESOINS VITAUX DE LA POPULATION EN EAU, RAVITAILLEMENT, GÉNÉRATEURS ÉLECTRIQUES, MATÉRIEL DE TRAVAUX POUR RESTAURER LES INFRASTRUCTURES.
AH OUI AU FAIT, IL VOUS FAUT RAMENER UN AUTRE POMPIER VOLONTAIRE... UN PEU PARTICULIER.
LE COS NOUS EN A INFORMÉS. MAIS... POURQUOI PARTICULIER ?
FRANCIS ???!
JE SUIS EN SOUTIEN SANITAIRE TERRESTRE AVEC LES POMPIERS, LA SITUATION S'EST CALMÉE SUR MON SECTEUR MAIS L'HÔPITAL ME RAPPELLE D'URGENCE FACE À L'AFFLUX DE VICTIMES.
COS NÎMES DRAGON 34. RETOUR À LA BASE.

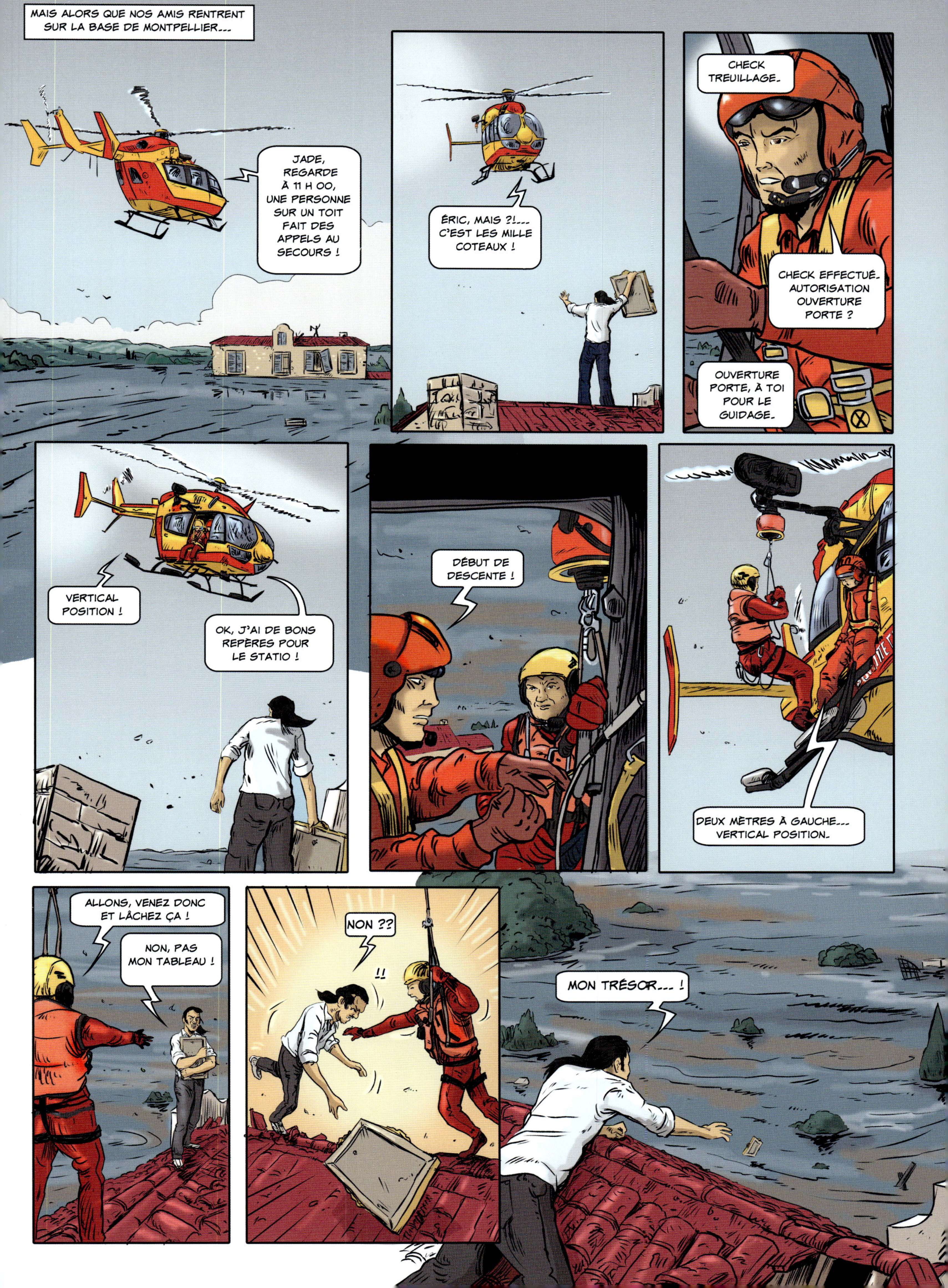
MAIS ALORS QUE NOS AMIS RENTRENT SUR LA BASE DE MONTPELLIER...
JADE, REGARDE À 11 H 00, UNE PERSONNE SUR UN TOIT FAIT DES APPELS AU SECOURS !
ÉRIC, MAIS ?!... C'EST LES MILLE COTEAUX !
CHECK TREUILLAGE.
CHECK EFFECTUÉ. AUTORISATION OUVERTURE PORTE ?
OUVERTURE PORTE, À TOI POUR LE GUIDAGE.
VERTICAL POSITION !
OK, J'AI DE BONS REPÈRES POUR LE STATIO !
DÉBUT DE DESCENTE !
DEUX MÈTRES À GAUCHE... VERTICAL POSITION.
ALLONS, VENEZ DONC ET LÂCHEZ ÇA !
NON, PAS MON TABLEAU !
NON ??
!!
MON TRÉSOR... !

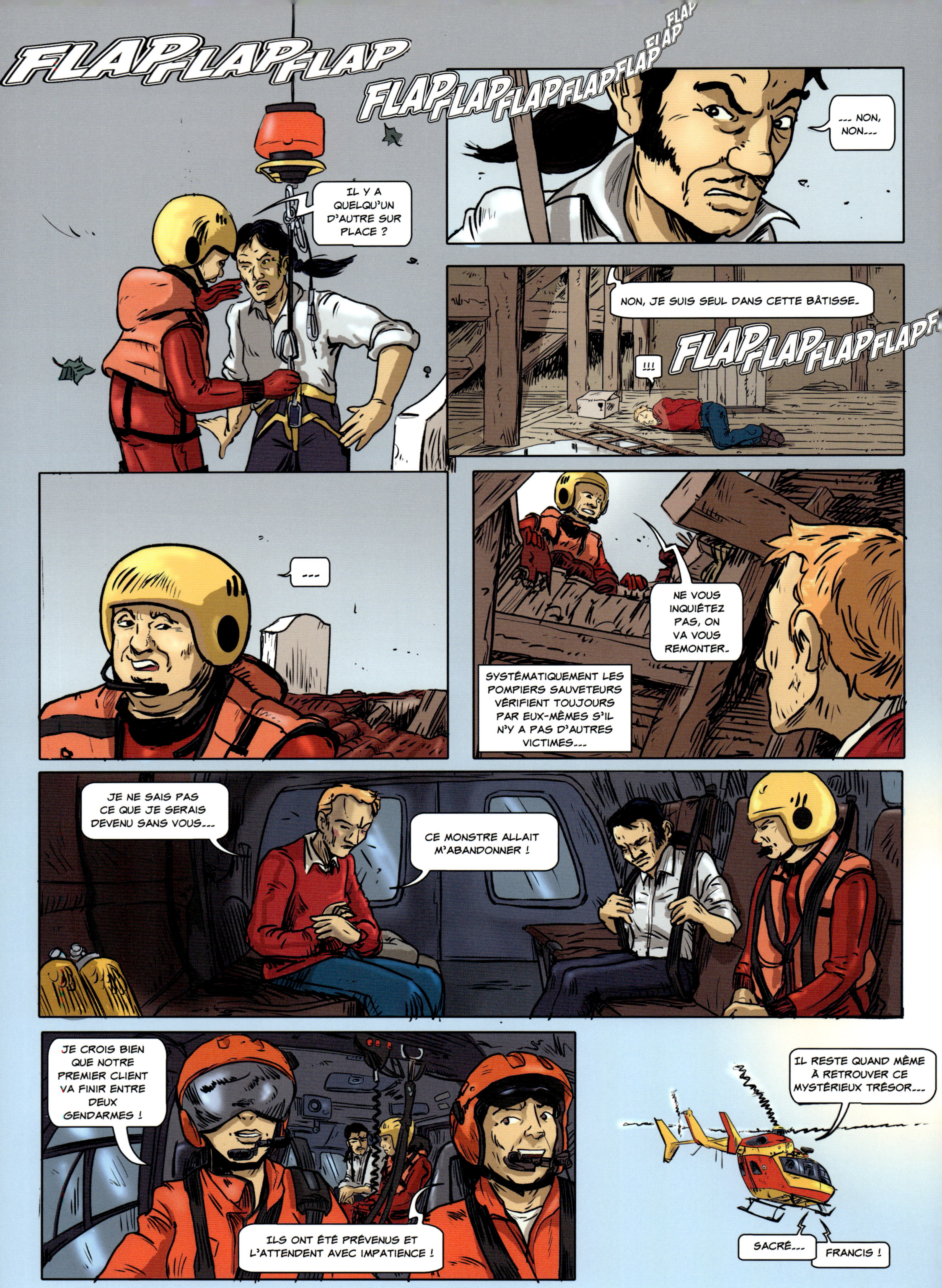
FLAP FLAP FLAP
FLAP FLAP FLAP FLAP FLAP FLAP FLAP
IL Y A QUELQU'UN D'AUTRE SUR PLACE ?
... NON, NON...
NON, JE SUIS SEUL DANS CETTE BÂTISSE.
FLAP FLAP FLAP FLAP F
!!!
...
NE VOUS INQUIÉTEZ PAS, ON VA VOUS REMONTER.
SYSTÉMATIQUEMENT LES POMPIERS SAUVETEURS VÉRIFIENT TOUJOURS PAR EUX-MÊMES S'IL N'Y A PAS D'AUTRES VICTIMES...
JE NE SAIS PAS CE QUE JE SERAIS DEVENU SANS VOUS...
CE MONSTRE ALLAIT M'ABANDONNER !
JE CROIS BIEN QUE NOTRE PREMIER CLIENT VA FINIR ENTRE DEUX GENDARMES !
ILS ONT ÉTÉ PRÉVENUS ET L'ATTENDENT AVEC IMPATIENCE !
IL RESTE QUAND MÊME À RETROUVER CE MYSTÉRIEUX TRÉSOR...
SACRÉ...
FRANCIS !

QUELQUES JOURS PLUS TARD, L'EAU S'EST RETIRÉE ET NOS HÉROS PROFITENT D'UNE JOURNÉE DE REPOS BIEN MÉRITÉE POUR REVENIR SUR LES LIEUX DU CRIME !
N'EXAGÉRONS RIEN : LES LIEUX DU DRAME, TOUT AU PLUS...
JE L'AI !
BON... QUI SE DÉVOUE ?
SOIS PRUDENT !
SI JE RESTE COINCÉ LÀ-HAUT, VOUS VIENDREZ ME CHERCHER EN HÉLICO.
... IL EST BIEN LOURD, CE MACHIN ?!
ATTENTION, DESSOUS !!

SI CE TABLEAU A UN JOUR VALU QUELQUE CHOSE... CETTE FOIS IL NE VAUT PLUS RIEN !
ALORS, T'EN PENSES QUOI, LE CONNAISSEUR ? C'EST UNE TOILE DE MAÎTRE ?
BAH... ? CE GENRE DE VIEILLE CROÛTE, MÊME REPRÉSENTANT UN TSAR, N'A JAMAIS PU CONSTITUER UN TRÉSOR.
REGARDEZ ! IL Y A COMME UN DOUBLE-FOND QUE DISSIMULE L'ÉPAISSEUR DU CADRE, QUI TROMPE L'ŒIL...
ET ENTRE LE CARTON DE FOND ET LA TOILE DÉCHIRÉE... QU'EST-CE QUE C'EST QUE CETTE LIASSE DE PAPIER, LA FORTUNE ??
ALORS, QU'EST-CE QUE C'EST ?
DES EMPRUNTS RUSSES... IL Y EN A POUR DES MILLIONS... HA ! HA ! HA !!
DES MILLIONS ??
DES MILLIONS DU TEMPS DU TSAR, ÇA NE VAUT PLUS RIEN DEPUIS 1917 !!
FIN

CURITÉ CIVILE

Dragon

Amicale du Groupement d'Hélicoptères de la Sécurité Civile

H24
365 jours
running
24/7

1 personne secourue toutes les 30 min.

1 person rescued every 30 minutes

23 bases permanentes

23 bases fully operationnal

7 détachements saisonniers

7 seasonal bases

1 centre de maintenance

1 maintenance center

Indépendant, il réalise toutes les visites d'entretien majeures en soutien des bases.

16.000 heures de vol/an

16.000 hours of flight realized each year

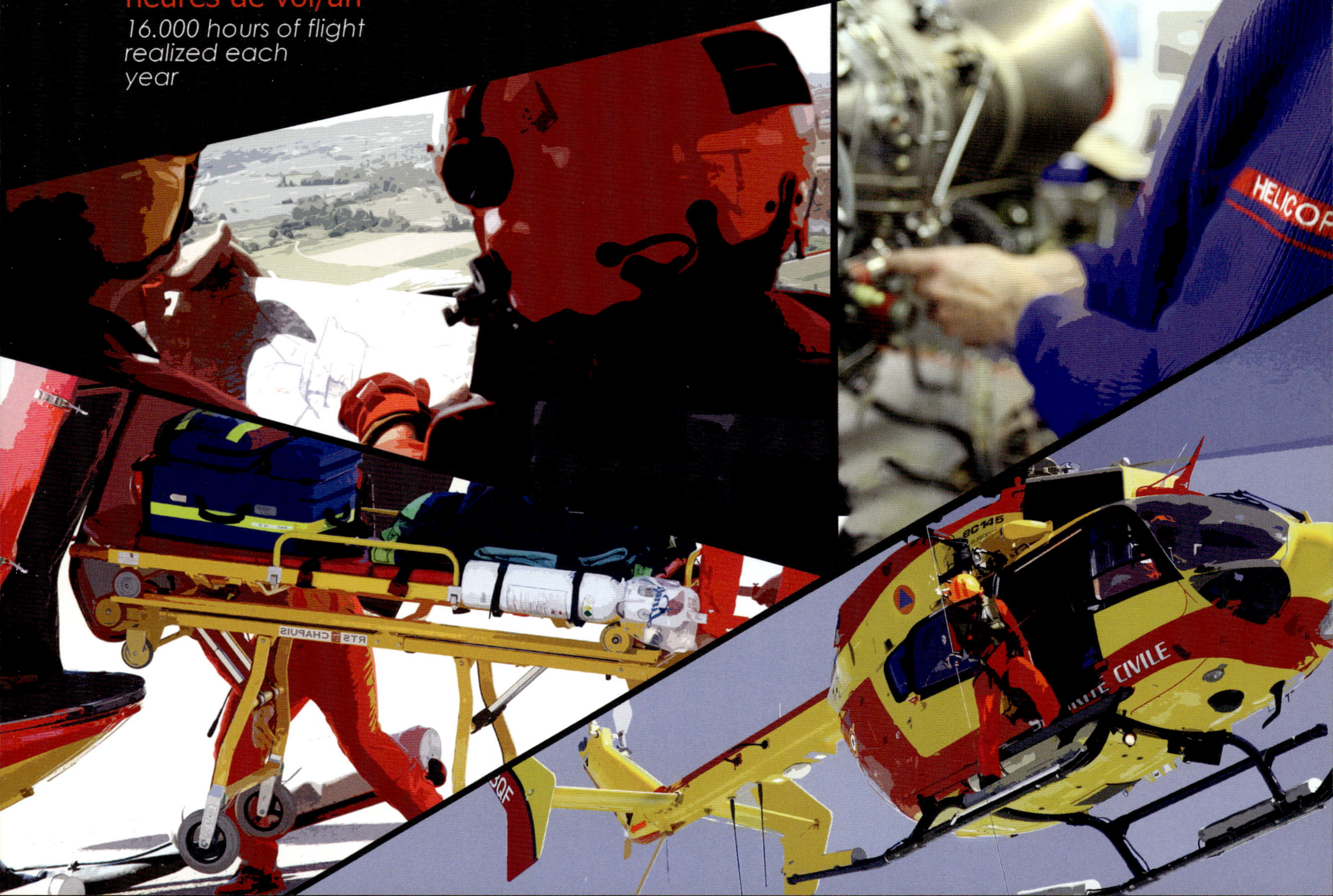

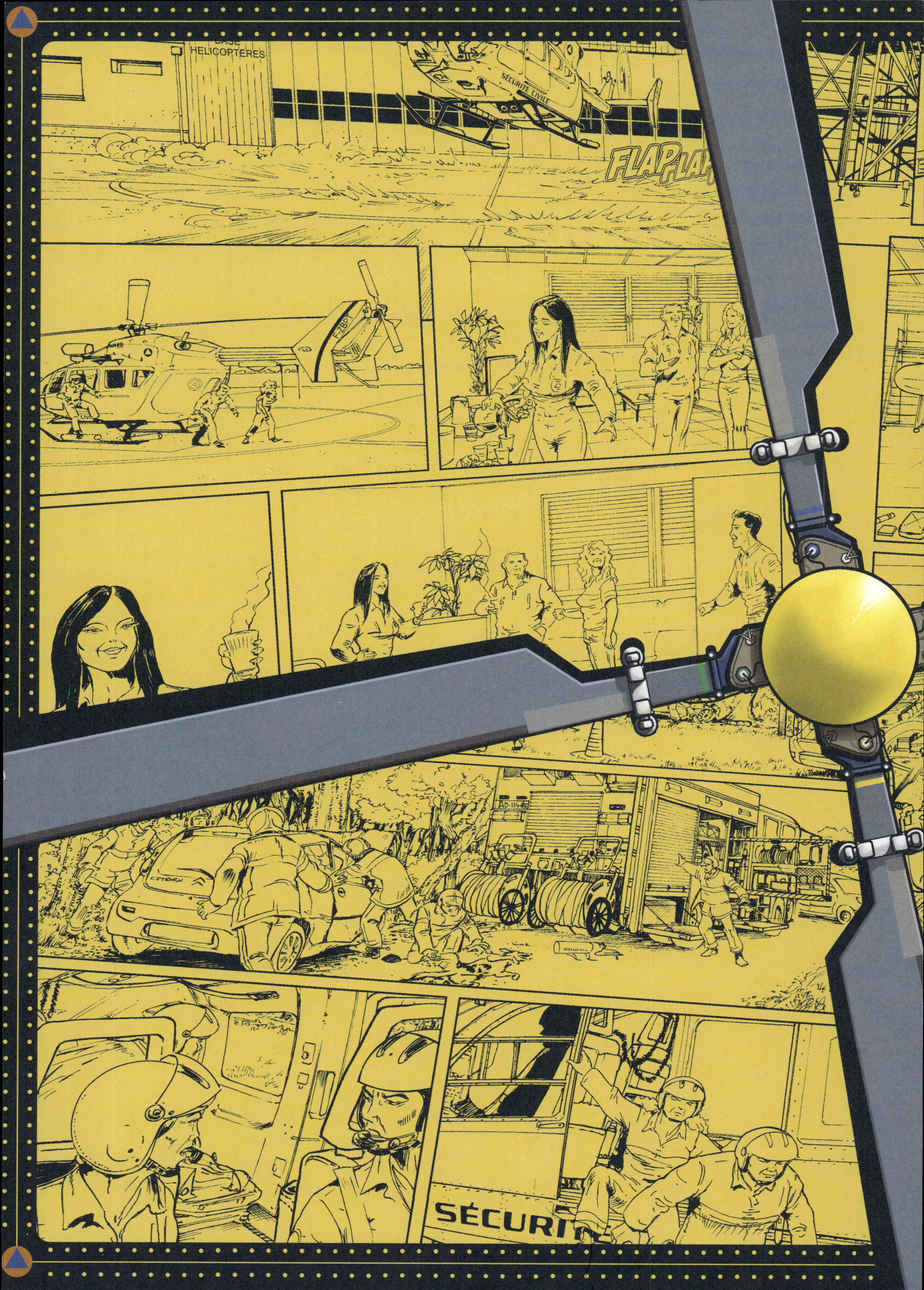
BASE
HELICOPTERES
FLAP
SÉCURIT